MÁS
SABIO
que el DIABLO

MÁS SABIO

SABIO

que el DIABLO

Pequeñas verdades
para superar las pruebas
de m*erda que te lanza la vida

Gary John Bishop

HarperCollins *Español*

Título original: *Wise as Fu*k*

Publicado en inglés por HarperOne en 2020

PRIMERA EDICIÓN

Traducción: Eric Levit Mora

Diseño adaptado de la edición en inglés de Terry McGrath

Este libro ha sido debidamente catalogado en la Biblioteca del
Congreso de los Estados Unidos.

ISBN 978-0-06-323843-5

22 23 24 25 26 LSC 10 9 8 7 6 5 4 3 2 1

Dedico este libro a quienquiera que desee más en esta vida. Da igual dónde estés o qué estés haciendo, puedes hacerlo.

Contenido

MÁS
SABIO
que el **DIABLO**

1

¿Qué hacer, qué hacer...?

La sabiduría pone las cosas en su lugar. Te da una nueva perspectiva y abre un camino claro a través del pantano de la vida.

Cualquiera que sea tu mierdero, por lo menos una cosa está clara: nadie te mostró nunca cómo lidiar con él.

¿Dónde están la claridad o la paz mental o, diablos, aunque sea una pista de qué hacer cuando te asalta la vida, te da una patada en la boca y te deja tirado en el piso?

¿Cómo se supone que debes gestionar el desastre, aliviar tu ansiedad o despertar las posibilidades latentes de tu vida si, al mismo tiempo, debes combatir la presión diaria de tu situación laboral, de tus relaciones, de tu familia, de tu cuerpo, de tu pasado, de tu futuro y de cualquier otra cosa que quieras añadirle a todo esto, como, oh, no sé, alguna clase de supervirus que ha provocado una pandemia global o algo así?

La verdad es que estamos terriblemente mal equipados para las tormentas y los accidentes que pueden abalanzarse sobre cualquiera de nosotros.

¡No es que queramos andar dando sacudidas en este caos! Nadie ansía estar anclado a un ciclo continuo de relaciones tóxicas o a una sofocante carrera profesional o a los dolorosos recordatorios del amor, el fracaso o el miedo que todos conocemos tan bien. Sólo queremos sacar adelante nuestras vidas, queremos saber cómo vivirlas sin misterios, ni confusiones, ni complicaciones. En resumen, queremos que nos ayuden a mejorar nuestra vida y, sencillamente, no sabemos dónde encontrar esta ayuda o cómo tomar las decisiones adecuadas.

Cuando la vida empieza a andar mal, claro que sería mucho más sencillo si bastara con preguntarle a Alexa, planear tu siguiente paso y deslizarte suavemente hacia el futuro con tu ingenioso manejo de productos de Amazon, listo para lo que venga después. Listas de reproducción: sí; alarma: sí; definición de diccionario: sí; cómo lidiar con los ardientes resentimientos que te han perseguido durante años, o con la procrastinación que te ha impedido cumplir tus sueños, o con la necesidad de tomar sobre la marcha una decisión que te cambiará la vida… ¡diablos, Alexa, ayúdame un poco!

Oye, quizá la solución esté en tu dieta. ¿Te interesa que espolvoree una ración generosa de alguna antigua y tranquilizadora sabiduría sobre tu tostada de aguacate del desayuno para ayudarte a transitar el día?

No... tampoco es eso. Parece que, cuanto más se nos pone a prueba, menos sabios somos. Desafortunadamente, la despensa de la sabiduría está prácticamente vacía cuando estás hambriento de algún nutriente que tenga todas las respuestas para ayudarte a enfrentarte poderosamente a cualquiera que sea la situación que te esté chupando la vida y royendo la boca del estómago.

Al parecer, se espera que vayas improvisando sobre la marcha con la vana esperanza de que llegue un día en que hayas logrado amasar alguna clase de habilidades vitales útiles para gestionar tus problemas y mantenerte firme ante lo que esté por venir. Mientras, prepárate para luchar, baby. Ah, y guárdate tu sufrimiento para ti, que aquí estamos tratando de ser positivos.

Sin embargo, todos hemos pasado días así.

Bueno, a veces semanas.

O meses.

En ocasiones, ha durado tanto que es difícil ver más allá. Los mierderos de la vida pueden volverse tan persistentes que, al final, sólo son eso: la vida. El cielo está gris y así son las cosas. Trae paraguas.

Así que seguimos con nuestra vida. Sin haber aprendido nada.

«¿Sin haber aprendido nada? ¡Pero si SOY más sabio por mis experiencias vitales!».

No exactamente. Si lo piensas, decir: «Nunca volveré a hacer esto» no es verdadera sabiduría, ¿no te parece? Podría decirse que son sólo buenas prácticas vitales. Mi hijo de cinco años ya sabe hacer eso y… bueno, tiene cinco años.

Tampoco es una práctica que pueda aplicarse a todo. Está bien no volver a poner la mano sobre un fogón encendido, pero las implicaciones de no volver a exponerte nunca más al amor, o a las oportunidades, o al riesgo pueden ser devastadoras. Puedes terminar atrapado, ser tu propio carcelero. Una versión de ti mismo atontada, aburrida o profundamente asustada. Ya no eres tan sabio, ¿eh?

Dicho llanamente, tú, como la mayoría de los seres humanos, enfocas de forma totalmente equivocada tanto el adquirir sabiduría como el aplicarla para hacer que marque una diferencia en la esencia de tu vida. Considera la idea de que buscas algo que sumarle a tu vida, alguna clase de entendimiento, de guía o de estrategia que baste activar para deshacer mágicamente cualquiera que sea el mierdero que estés protagonizando.

Dejemos las cosas claras.

La sabiduría no funciona así.

DEFINIR LA SABIDURÍA

Defino la sabiduría como una serie de verdades personales, una colección de perspectivas que se convierten en los cimientos de tu pensamiento y a las que regresas para que te guíen en los momentos turbulentos de tu vida. Estas verdades no sólo te aportan claridad a la hora de tomar decisiones cuando llegas a un cruce de caminos y debes tratar de discernir cuál tomar, sino que también hacen que tus siguientes pasos te resulten tan obvios como respirar.

¿Por qué necesitas sabiduría en tu vida? Bien, en primer lugar, ¡que te estés preguntando esto y te hayas comprado un libro llamado *Más sabio que el diablo* quizá sea una pista!

Pero, en serio, la sabiduría es algo de lo que todos dependemos de vez en cuando, una perla de conocimiento vital que, o bien adquieres a través de una experiencia vivida, o bien en un libro, un curso o una conversación.

He aquí un ejemplo sencillo de la clase de sabiduría a la que me refiero y de cómo funciona: ¿alguna vez has escuchado la expresión «tienes la vida que estás dispuesto a aguantar»?

Párate un momento a sopesar estas palabras. Mientras dejas que calen, piensa en esta afirmación y compárala con tu propia vida y con cómo estás viviendo actualmente. ¿Qué ves? Llegará el momento en que, cuando apliques esta sabiduría a cómo vives, te veas obligado a evaluar o reevaluar algo.

Hay mucho contenido en estas ocho simples palabras. Te colocan irremediablemente en el centro del escenario, ¿no crees? No es fácil zafarte de la responsabilidad que tienes sobre tu propia vida y sobre cómo te va cuando las tienes enfrente. Evocan una perspectiva que exige que te ocupes tú mismo de tus problemas; que dejes de tolerar tu situación o de procrastinar. Te conectan a una verdad, pero sólo, por supuesto, si estás dispuesto a adoptarlas como propias. Esta sencilla afirmación lidia con cualquier tentación que tengas de culpar o chismear o victimizarte o victimizar a otros. Pruébala si alguna vez te enfrentas a una situación en la que te sientas tentado de culpar a otra persona porque algo salió mal. Te reto a recurrir a esta afirmación. ¿Sabes qué ocurrirá? Que te dirá qué debes hacer.

Y así es como funciona la sabiduría. Es este proceso en que primero entiendes algo, luego lo adoptas como propio y, finalmente, lo aplicas en la vida real. Tenlo en mente mientras transitamos juntos las siguientes páginas. Eres tu propio héroe, pero con la misma facilidad podrías convertirte en alguien que necesita constantemente ser rescatado. Una buena sabiduría pondrá fin a esto. Te devolverá el control de tu vida y de tu futuro. Te permitirá crear la vida que quieres. Nadie puede quitarte eso. ¿No te parece que empodera?

Si la sabiduría proviene de una serie de verdades-guía interiores, ¿cómo determinas cuáles son estas verdades para ti?

Abordemos primero el proceso de pensar. ¿Alguna vez has «ponderado» algo? No me refiero simplemente a un pensamiento pasajero ni a una breve reflexión. ¿Alguna vez te has detenido el tiempo suficiente en una idea o en una pregunta como para verla de nuevas formas y aprender algo por ti mismo? Un *¡ajá!* personal. Un descubrimiento en toda regla.

Éste es el primer paso para que la sabiduría de este libro se asiente en tu vida. A partir de tus propias investigaciones, de la clase de introspección y retrospección que alienta e ilumina; que inspira y vigoriza una, por lo demás, tediosa y anestesiada existencia. Lo mejor es que la verdadera sabiduría no puede desaparecer porque, cuando descubres algo por ti mismo, cuando tienes una atronadora y penetrante revelación, no puedes *desdescubrirla*. Y esto no termina con el descubrimiento. Al adoptarlo conscientemente, lo interiorizas, y, después, saltas de cabeza a tu vida para vivirla con base en él. Esto es lo que diferencia la sabiduría del conocimiento. Cualquiera puede leer algo, incluso memorizarlo, pero no cualquiera aprende de ello y vive de acuerdo con lo que ha aprendido.

Sin embargo, hace falta trabajo para pensar en profundidad y descubrir las verdades centrales de tu vida. Parece más sencillo, en cambio, recurrir a una estrategia de manual de instrucciones. El problema es que eso no funciona, pues sólo roza la superficie. Queremos respuestas inmediatas sin zambullirnos en nuestras profundidades, que es donde habita una infinita sabiduría que podría darte mucho más que soluciones descartables para tus irritantes problemas pasajeros. Por eso tus estrategias de «cinco pasos para alcanzar el éxito» terminan fracasando: porque no salen de ti. Todo el mundo quiere una respuesta sencilla, alguien que le diga cómo triunfar, o ponerse a dieta, o amar, porque, en cierto sentido, nadie quiere pensar más allá de los límites de su propia confusión, apatía o de la narrativa que se ha inventado para sí mismo.

La mayoría de la gente también cree que para experimentar una transformación personal duradera necesita escuchar o leer algo nuevo. Pero no es así. Todo se reduce a ti y a si te estás relacionando con el material para cambiar algo importante o sólo para absorber información y aliviarte momentáneamente.

A menudo, cuando consideramos a alguien «sabio», nos referimos a que «sabe muchas cosas» o a que posee algún rasgo admirable, como la paciencia, la compasión o cualquier otra característica virtuosa que, aparentemente, ha obtenido de forma natural. Pero alguien no es sabio sólo por haber memorizado todo el diccionario, ¿verdad? ¿Le ayudará conocer la definición de «cataclismo» cuando su vida esté en llamas y tenga que encontrar una forma de apagar el incendio? No demasiado.

Con el tiempo, olvidarás hechos y números, pues los datos se pierden en la neblina de nuestras complicadas vidas y falibles recuerdos. Incluso las cosas que sí recuerdes a veces no servirán de nada. Saldrán de tu boca, como el resultado del partido de los Yankees de anoche o la receta favorita de galletas de tu abuela. Será información técnicamente correcta, pero desarmada en la lucha por la paz mental, la claridad o el poder.

Algunas de las personas más cultas que he conocido difícilmente podrían ser calificadas de sabias.

Y viceversa, por supuesto.

En cualquier caso, ni todo el conocimiento del mundo podrá nunca cambiar la máquina hasta que ésta decida, por fin, autoexaminarse. Y cuando digo «máquina», por supuesto, me refiero a ti.

En este libro sobre la sabiduría, hablaré de la clase de aprendizaje que te cambiará genuinamente. Que te hará más sabio. Que te ofrecerá la oportunidad de crecer.

Verás, las cosas que he descubierto de manera auténtica en mi vida me han cambiado. Para siempre. No ha habido vuelta atrás. Cuando descubres que la responsabilidad es tuya, las palabras ya no surgen de tu garganta cuando tratas de culpar a otros. Con el tiempo, también te vuelves capaz de ver venir desde lejos tus propias tonterías.

Vivo mi vida total, exclusiva y completamente según los principios de la sabiduría callejera que describiré a continuación. Son las directrices que aplico a mi vida y me las tomo con la más absoluta seriedad. Son sólidas, innegociables y nunca me han fallado. ¿Me hace esto perfecto? ¿Ando siempre flotando sobre una fina capa de viscosa magia, conectado a la grandeza y a todas las cosas maravillosas de esta vida? ¡NO! Soy un ser humano. Como tú, me enfrento a desafíos y me bloqueo y pierdo los nervios y me quedo varado en cualquier estúpido pantano de confusión, pero ¿sabes qué? ¡¡Mi maldita vida FUNCIONA!! Cada día tengo a la mano respuestas sencillas y no hay ningún motivo por el que no puedas tenerlas tú también.

Alguien me dijo una vez: «Si quieres tener éxito, haz lo que hagan las personas exitosas», una noción que puede aplicarse a absolutamente cualquier cosa. Y también es válida al revés.

Si te estás sintiendo desgraciado en estos momentos, probablemente estés haciendo lo que hacen las personas desgraciadas. Así que, si quieres ser rico, tendrás que hacer lo que hagan los ricos; si quieres estar en forma, tendrás que hacer lo que hagan los deportistas. ASÍ QUE, si quieres ser sabio y tener una vida que funcione… bueno, captas la idea.

Vamos a darle la vuelta a tu maldita vida aquí mismo. Tú sólo dame tu tiempo y toda la atención que tu emocionada cabeza pueda reunir y, juntos, haremos que salten chispas.

QUÉ NOS ESPERA

Antes de profundizar demasiado, descubramos por qué verdades te guías. Para hacerlo, es imprescindible que distingamos la buena sabiduría de la mala. Pasaremos las siguientes páginas aprendiendo a distinguirlas. Y es más complicado de lo que crees. Para cuando hayamos expuesto la buena y la mala sabiduría, estaremos listos para empezar con algunos fundamentos de la vida. Ya sabes, lo más básico —como el amor y su ausencia—, lo que parece hacer descarrilar tus mejores planes vitales, dejándote a la deriva. Pondremos un poco de sabiduría real y duradera al alcance de tu mano para que seas capaz de lidiar con estos fundamentos tanto ahora como en el futuro. Pero ya hablaremos más de esto en el próximo capítulo.

Permíteme unas breves palabras sabias (¿lo captas?) antes de empezar.

Primero, TÓMATE TU TIEMPO. Pasarás por alto muchas cosas de este libro si lo lees sin prestar atención o sin cuidado. No tengas prisa por terminarlo o no entenderás nada. Detente, respira, piensa y analiza por tu cuenta estas palabras. Si no entiendes algo, tómatelo como un buen momento para detenerte y aprovechar la oportunidad de reflexionar genuinamente. No dejes ninguna parte del libro hasta que resuene contigo. El primer paso para ser más sabio es enfocar las cosas con sabiduría.

No puedes beberte la clase de sabiduría que utilizarás durante el resto de tus días como si fuese una taza de café VIA de Starbucks. Frena, piensa, percola y deja que mis palabras se asienten en tu vida.

Primero, debes sumergirte completamente en la verdad y, después, utilizarla para lidiar con tu vida entera. Y, sí, lo he dicho bien, con tu vida entera, no sólo con los pedacitos que ahora mismo están algo chingados.

Es un proceso que consiste en consultar de manera constante la sabiduría que has descubierto y preguntarte: «Teniendo en cuenta esta verdad, ¿qué áreas de mi vida no están alineadas con ella y qué debo hacer ahora para que lo estén?».

Al principio, esto puede presentar una serie de problemas: el descubrimiento de preocupaciones reales y serias que exigirán que hagas algo en ciertas áreas de tu vida que has estado ignorando, descuidando o negando.

Cuando tengas que comparar tu vida con las palabras de este libro, es posible que tus emociones se retuerzan y rebelen, pero recuerda que pretendes encontrar algo con lo que guiarte distinto a la montaña rusa de tus predecibles emociones, pensamientos o circunstancias, ¿no? Para vivir una vida poderosa necesitas algo que exista fuera de tus respuestas habituales, una voz independiente y confiable que te devuelva la estabilidad. Sabiduría.

Una sabiduría verdadera y duradera se manifiesta en tus momentos de mayor necesidad: te separa del grupo, te lleva por nuevos caminos y habita en el tejido mismo de tu ser. Añade profundidad, calidad y sentido a tu vida. Con ella, no te limitas a *saber* aquello que has aprendido, sino que lo *eres*. Dejas de necesitar la fantasía de Instagram de un Bugatti o el blin-blín de un reloj nuevo como curita para tus inseguridades.

Dejarás de pensar como todo el mundo y no te lastrarán las tonterías mundanas con las que carga el resto de la gente porque, cuando la necesites, dispondrás de una caja de herramientas totalmente equipada y siempre lista. Serás incluso capaz de construir una vida alrededor de esas tonterías.

Por otro lado, cuando nos sumerjamos en los fundamentos, te animo a que reflexiones genuinamente sobre lo que te vaya diciendo. ¿En qué consiste reflexionar sobre algo? Bien, es un poco como *janguear* con una idea. Sin opiniones preconcebidas, sin tratar de definir nada o tomar ninguna decisión. Nada más que la oportunidad de dejar fermentar una idea en tu mente. Te sientas con ella, la revisitas y dejas que te hable. Sopesas las palabras y lo que significan o no significan. Después, también las pones en duda.

Quizá recuerdes situaciones de tu pasado y las compares con lo que esté diciendo, o puede que utilices tu situación actual para profundizar en lo que leas aquí. En cualquier caso, haz de esto algo real; tu vida no es un maldito concepto, así que deja de interactuar con ella como si lo fuera.

Estás aquí para volverte más sabio, ¿recuerdas?

NO ME CITES

Sería negligente por mi parte ignorar un dato importante sobre todo esto. Cuanto más sabio me vuelvo, más raro les sueno a ciertas personas. A mí me da igual. A estas alturas, es mucho más probable que me limite a asentir en lugar de tratar de cambiar la perspectiva vital de alguien.

Deja que te ponga un ejemplo:

Si me sigues en redes sociales, especialmente en Instagram (@garyjohnbishop), sabrás que, de vez en cuando, me gusta subir una o setenta citas. Casi cada día cuelgo algo pensado para estimular el cerebro, para interrumpir tus divagaciones vitales; pero, normalmente, tan pronto lo subo… caos.

Hay personas que no están de acuerdo y que se molestan y se ponen mojigatas. Otras, se sienten confusas con una buena dosis de «¿Qué demonios?». Hay quien me pide explicaciones o, al menos, quien me confronta con cómo *debería* haberme expresado para no sonar tan ofensivo, o frío, o frívolo, o… bueno, ya me entiendes.

¡La cosa es que esto me lo dice gente que ya me sigue!

¿Por qué pasa esto? En parte, se debe a que, en general, mi estilo de escritura es polémico. A veces meto el dedo en la llaga hasta hacer daño. Prefiero decir cosas de las que no puedes escapar, la clase de palabras que te acorralan y te obligan a pensar. No pretendo escribir para hacerte sentir mejor. Lo que quiero es ponerte frente a cosas que destruyan tu apatía y tu resignación.

Pero ésta es sólo parte de la razón por la que la gente responde así.

El motivo principal se reduce a la forma en que las personas interactúan con lo que leen. Es el enfoque simplista y observacional de la comparación. Básicamente, buscan en el mundo cosas con las que estar o no de acuerdo. ¿Tú no? Sí, tú también. Que no estés de acuerdo con lo que acabo de decir es, exactamente, de lo que estoy hablando. Considera la idea de que andas en busca de lo conocido, de algo que resuene con lo que ya piensas, sabes o crees.

Empiezas a comparar en un abrir y cerrar de ojos, es inmediato. Puedes no darte cuenta de lo que estás haciendo, pero el ansia de coincidir o disentir reside en todos nosotros como un hambre insaciable. Es el motivo por el que la política es semejante bestia furiosa. Y por lo que se separan las familias. Y lo que destruye el amor. Tampoco es nada nuevo. Es algo humano, pero, como otras muchas cosas humanas, no siempre funciona. El apetito voraz por coincidir o disentir ha arruinado muchas amistades, asociaciones y relaciones, sobre todo cuando lo sigue el muro de ladrillo impenetrable de «quién tiene razón». El concepto te resulta familiar, ¿verdad?

Cuando escuchamos o leemos algo, si encaja con lo que ya pensamos, nos gusta. Si no, quizá lo ignoremos. Pero, si choca violentamente con alguna verdad o creencia profundamente arraigada, puede invadirnos el ansia de expresar nuestra desaprobación. En el fondo, se trata de supervivencia. La supervivencia de tu propio espejismo tranquilizador de realidad y seguridad.

Quizá algo de lo que diga te obligue a evaluar cosas que has hecho en la vida o que utilizas para justificarte, cosas alrededor de las que has construido excusas y que, de ser puestas en duda, pueden ponerte en una situación complicada e incómoda. Puedes verte obligado a lidiar con una dura verdad en la que nunca habías pensado o que quizá habías estado ignorando voluntariamente. Los demás no son los únicos que quizá se sientan incomodados por tu nueva y resplandeciente transformación. Lo más probable es que a ti también te ocurra.

Como con mucho de lo que escribo, debes estar preparado para sentirte así en cualquiera de las siguientes páginas.

No es de extrañar que las cosas nuevas puedan descolocarnos de un modo tan espectacular. Se convierten en una amenaza. Como he dicho antes, a medida que incrementa tu sabiduría, tú mismo puedes convertirte en una amenaza para el espejismo de otra persona. No pasa nada. Sé responsable, sé compasivo y no insistas. Todo el mundo debe crecer a su manera y a su ritmo y que otra persona esté en un punto distinto al tuyo no te hace mejor, o más avanzado, o superior a ella en ningún sentido. No es una carrera ni una pirámide de iluminación.

Estás donde estás; ellas están donde están. Eso es todo. A veces los demás sólo necesitan tiempo para asimilar tu nuevo descubrimiento, o epifanía o creciente sentido de ti mismo. Respira. Ya llegarán. Igual que has hecho tú. Y, si no lo hacen, tú ya estarás tan iluminado que te importará un carajo.

¡Todos ganan!

UNA VIDA MÁS SABIA QUE EL DIABLO

Para terminar, hablemos de cómo se ve realmente una vida *más sabia que el diablo*. Sin duda, vivir sabiamente consiste en saber navegar nuestras circunstancias diarias, semanales y mensuales y, sí, también nuestros desafíos. Pero, sin adelantarte nada, es mucho más grande de lo que puedas imaginar. Es la clase de vida donde tanto tú como lo que representas importan de verdad en este mundo. Una vida titánica.

La sabiduría termina por darle sentido a todo este desastre, pero, al mismo tiempo, te exige que seas tú mismo quien lo arregle. Y eso, amigo mío, a menudo es un proceso desastroso en sí mismo.

Sin embargo, no dudes de que la sabiduría dice la verdad. Lo que hagas con esa verdad puede ser el mayor punto de inflexión de tu vida.

O no. Si quieres que este libro sea distinto, tú también tendrás que serlo, al menos en cuanto a cómo lees y cómo te relacionas con lo leído. Cuando lo termines, habrás obtenido cierta sabiduría real. Algo sobre lo que podrás construir y de lo que podrás aprender para que el árbol de tu vida crezca en una dirección de tu gloriosa creación y no como respuesta a una serie de aparentemente incontrolables influencias externas, emociones aleatorias o anomalías del destino.

La sabiduría pone las cosas en su lugar. Te da una nueva perspectiva y abre un camino claro a través del pantano de la vida.

Es una paz mental para cuando te deja tu pareja o fracasas o muere tu mejor amigo; para la clase de cosa que quisiéramos, pero no podemos, ignorar y que, con toda probabilidad, terminará por ocurrir; para cuando alguien te dice que no puedes hacer algo y, en algún lugar de tu interior, estás de acuerdo; para cuando los sentimientos de vergüenza o terror o culpabilidad te bloquean, o te posee el abrumador miedo a lo desconocido. Tampoco hay que olvidar el asfixiante mar de las procrastinaciones, los «voy a» y «si tan sólo» que pueden frenar una vida hasta una estremecedora quietud.

El espectáculo debe continuar, estés listo o no.

Porque, aunque no te des cuenta, vamos en busca de una vida que importe. ¡Tu vida vale demasiado como para que la dejes pasar! Eres un maldito milagro del ser, ¿recuerdas?

¿Ya te pica la curiosidad? ¡Estupendo! ¡Vamos a rascar!

2

Mala sabiduría

Nunca te permitas
conformarte con
«sentirte mejor»
respecto a una vida
que no funciona.
A esto se lo llama
«estancarse» y, por
mucho que suene
a cliché, de verdad
eres mejor que eso.

Resulta que corre por el mundo mucha sabiduría verdaderamente mala. Cosas fáciles de consumir y que, superficialmente, tienen sentido, pero que no son tan útiles como parecen. Escuchamos estos clichés cuando nuestros amigos tratan de hacernos sentir mejor, los leemos en tarjetas de felicitación y en pósteres inspiradores y están por todas partes en las redes sociales. Piensa en esos memes que explican tu problema en una docena de palabras, a veces de forma poética o romántica. Aunque pueden hacerte sentir bien por un momento, en lugar de encender un fuego en tu interior o lanzarte hacia una transformación personal, lo que hacen es hundirte un poco más en la miseria en la que te encuentras. Cosas como:

«Si es para ti, saldrá sólo». No, y un carajo. No eres una estación de tren. ¡Haz algo!

«Cree en ti mismo». Y si no lo haces, ¿qué? ¿Tiras la toalla? Por el amor de Dios. Hazme el favor de ponerte en marcha.

«Rodéate de gente positiva». Claro… pero ¿y si esta «gente positiva» cree que eres un pendejo y no quiere que la involucres en tus tonterías? Oh, ya sé, pégate a ellos de todos modos y chúpales la positividad y, cuando termines, encuentra otro grupo al que desangrar, ¿no?

«Te conviertes en lo que piensas». Ésta se acerca... pero no. Si no actúas con base en esos pensamientos, no te convertirás en ellos. Además, pienso a menudo en cachorritos y todavía no me ha salido cola.

«Pensamientos felices, vida feliz». Hum... quizá, pero ¿qué pasa si estoy deprimido, ha muerto alguien cercano a mí, me acaban de despedir o han entrado a robar en mi casa? Oh, bueno, supongo que entonces sólo tengo que animarme. Estupendo.

Quizá estés pensando: «Bueno, ¿y qué? Si te hace sentir mejor ya está bien, ¿no?».

No.

La mayoría de los contenidos en internet han sido diseñados para proporcionarte un alivio temporal, para hacerte sentir mejor respecto a tus problemas sin empujarte a cambiar. A menudo sólo sirven para confirmar que tenías razón, incluso cuando tienes la incómoda duda de que pueda no ser así. Sentirte mejor no es suficiente. Nunca te permitas conformarte con «sentirte mejor» respecto a una vida que no funciona. A esto se lo llama «estancarse» y, por mucho que suene a cliché, de verdad eres mejor que eso.

Estamos aquí para traer un cambio verdadero y duradero a nuestras vidas, y por eso es tan importante desentrañar algo de sabiduría real que guíe consistentemente tus decisiones y acciones.

Cuando lleguemos a los capítulos sobre el amor, la pérdida, el éxito y el fracaso, te daré nuevos lemas, palabras verdaderamente profundas cargadas de un poderoso significado que reemplazarán los lemas vacíos y cobardes de la «mala sabiduría». ¿Qué los diferencia? La interrupción. Estoy aquí para obligarte a pensar, a cuestionarte y a desafiar las normas de tu vida.

Si leíste *¡Deja de chingarte!*, recordarás que ahí también hicimos esto. Interrumpimos los guiones repetitivos que se desarrollaban en nuestras mentes e inventamos una nueva clase de verdad. Es decir, una nueva sabiduría.

La mala sabiduría también puede surgir de buenas intenciones. Quizá te estés preguntando por los consejos que nos dan nuestros amigos o familiares.

«Haz esto» o «haz aquello» no es sabiduría. Son consejos. Consejos que buscamos cuando nos hemos quedado sin ideas y no estamos pensando como es debido para arreglar nuestros propios mierderos, así que nos resignamos a pedirle a otra persona que nos diga qué hacer. Así, si no sale bien, siempre podemos culparla, ¿verdad?

Regla de la iluminación número 10 087: deja de preguntarle a la gente lo que deberías hacer. Utiliza tu cerebro, lee, descubre y planea tu propio camino.

Si te sirve de algo, tu ansia de consejos es, en realidad, el deseo de contarles a otras personas tu situación y cómo la has manejado para que te confirmen que «has hecho lo correcto». En realidad, sus consejos no te interesan. Lo que quieres es la aprobación de un amigo.

De acuerdo, frena. Puedo escuchar el «sí, pero» burbujeando en tu cabeza. He aquí un consejo: tendrás que soltar esta adicción a los «sí, pero» si quieres tener alguna posibilidad de que este libro te despierte a algo nuevo. Me he dado cuenta de que la gente tiende a insertar sus propios «sí, pero» en esta clase de libros sólo para no tener que enfrentarse a la incomodidad de lo que se le está diciendo. Una única y solitaria objeción a menudo basta para desestimar toda la oportunidad de crecimiento. Estoy aquí para ayudarte a crecer. Así que trata de ser paciente y quédate conmigo mientras descubrimos las áreas de tu vida que lo necesitan.

También hay gente con buenas intenciones (en su mayoría) que reparte mala sabiduría para conseguir dinero, «me gusta», aprobación o para eludir sus propios problemas. Y, mientras la muestren con una tipografía linda sobre la sensiblera fotografía de una catarata o de un maldito atardecer, o venga acompañada de una taza de café de cinco dólares, ¡todo bien!

Por desgracia, esto también puede afectar al mundo de la autoayuda (puaj). Existe un océano de libros, grupos de mentes maestras, talleres, cursos, diarios, planificadores y montañas de mala sabiduría que seducen estratégicamente a la gente con cómo presentan sus materiales, en lugar de marcar una diferencia real en el lector o el participante. La mala sabiduría bienintencionada sigue siendo mala sabiduría.

Sí, soy plenamente consciente de que escribo libros que pueden encontrarse típicamente en la sección de autoayuda de las librerías. Pero lo que los hace distintos es que no nos limitaremos a ponerles una curita metafísica a tus problemas. Lo que haremos será ser claros sobre cómo vives tu vida ahora y sobre cómo se ve empezar a construir algo nuevo. Una nueva vida basada en sólidos cimientos de principios e ideas. Sabiduría.

EL ARTE DE PENSAR

Mientras escribía este libro, me costó encontrar la forma de ofrecerte algo que, de interiorizarlo, pudiera convertirse en sabiduría para toda la vida, en la clase de conocimiento al que pudieras recurrir para siempre cuando más lo necesitaras. Una perspectiva fresca, un punto de vista completamente nuevo. Una perspectiva que, cuando por fin la descubrieras, no pudieras dejar de ver. Sin vuelta atrás. Una sabiduría que cambiará no sólo cómo ves la vida, sino también cómo interactúas con ella. Un nuevo entendimiento y nuevas verdades que pudieran cambiar de verdad tu vida. Que pudieran arreglar tu relación rota con tu madre, suavizar las tensiones en tu trabajo, ¡liberarte para que, por fin, escribas tu libro!

En realidad, no es tan difícil reencuadrar cómo percibes el fracaso, el miedo, el amor o el éxito. Eso es algo que empieza en tu cabeza. El verdadero desafío comienza cuando sales de ahí hacia la fría y dura superficie de tu vida y debes empezar a enfocar tus relaciones, tu carrera o tus pasiones con esta nueva perspectiva. Cuando ya no lidias con estas cosas como te habías programado para hacerlo, pueden convertirse repentinamente en un paisaje extraño en el que ya no eres tan ágil ni estás tan seguro de ti mismo, especialmente al principio.

Nada parece lo mismo cuando observas la vida desde otro ángulo.

El motivo por el que siempre te encuentras con los mismos problemas es que los encaras desde el mismo ángulo. Te has obsesionado tanto con tratar de arreglarlos desde un punto de vista específico que has olvidado tu poder ninja: puedes cambiar de perspectiva. Puedes pararte en otro lugar para observar y gestionar tu vida desde ahí.

Figúrate que estás en la cima de una colina con vistas a un valle y, en la lontananza, atisbas un pueblecito al que quieres ir. Desde donde estás, piensas en el río que tendrás que vadear, o en el lodazal que tendrás que cruzar, o en los espesos y oscuros bosques por los que tendrás que abrirte camino, además de otra interminable serie de obstáculos, desvíos y condiciones tanto visibles como imaginadas.

Fabricas una imagen mental y planeas una solución. Quizá estés rememorando otros momentos en los que has andado o corrido, o aquel consejo que te dio tu padre, o que leíste en un libro.

Guau… será duro.

Añádele lo que sabes de ti mismo y de tu mentalidad, tus fortalezas, lo que ya has decidido que puedes o no puedes hacer, lo que llevas o no puesto, el hambre o la sed que quizá tengas, o el hecho de que, a lo mejor, «no tienes un buen día», y empezarás a entender lo que de verdad costará llegar hasta ahí.

Quizá incluso te replantees si de verdad puedes, o debes, ir hasta ahí en absoluto. ¿Para qué? Si sólo es un estúpido pueblo cualquiera. Ése es el problema de los pueblos: siempre es difícil llegar hasta ellos. No valen la pena el esfuerzo… ¿no?

Ahora bien, ambos sabemos que esa conclusión es absurda.

Pero plantéate que así es exactamente como vives tu vida. Siempre andas mirando los mismos problemas desde la misma perspectiva, esperando que, de alguna forma, terminen por arreglarse mientras, ocasionalmente, aplicas algún consejo aleatorio y la mala sabiduría de otra persona. Nunca llegas a ninguna parte, pero estás siempre esperanzado. Te voy a decir las cosas claras: si sigues parado donde estás, seguirás viendo lo mismo, con las mismas ideas, soluciones, problemas y obstáculos. Lo que te mantiene atrapado en este patrón nunca es a lo que te enfrentas, sino desde dónde lo ves.

Quizá no te gusten las vistas, pero te has acabado acomodando un poco en ellas. Subsistes en esta existencia, has hecho algunos amigos, has improvisado una vida, logrado que tus tonterías funcionen en tu pequeña colina. Y morirás con esta perspectiva. Lo devorará todo y serás incapaz de darte cuenta… a no ser que la desafíes. Precisamente, lo que te estoy pidiendo que hagas. Quiero que desafíes tu perspectiva de cómo son y deberían ser las cosas, que agarres un mazo existencial y sacrifiques con él a alguna de tus «vacas sagradas», que te pongas a prueba en la incertidumbre y la incomodidad de una nueva perspectiva. Una que quizá no hayas escuchado nunca o que habías rechazado. Hazlo porque está ahí, justo en medio del nuevo paisaje sobre el que podrías construir una nueva perspectiva para tu vida, una que te abra puertas y caminos y rutas que nunca habías visto o tenido en cuenta.

Hemos llegado al punto donde podemos empezar a abordar algunos de los fundamentos que he mencionado antes. Mantén la mente abierta y ten a mano tu compromiso de cambiar. Probablemente te hagan falta mientras profundizamos.

LOS FUNDAMENTOS DE LA VIDA

Lo que amo de este libro es que me da la oportunidad de hablar de temas que normalmente no tienen cabida en lo que escribo. Es muy fácil enfocar nuestra energía en perseguir cosas como la motivación, el dinero, las casas y otros logros materiales, pero cuesta mucho más (y, para ser sincero, es mucho menos placentero) dedicarnos a obtener poder sobre las cosas que nos hacen perder el rumbo. La tragedia, la mala suerte, el robo, el escándalo o los problemas de cualquier clase pueden abalanzarse sobre cualquiera. ¿No te gustaría no sólo estar preparado para eso, sino también equipado para reconstruir tu vida tras sus secuelas?

No sé tú, pero la esperanza no es un riesgo que esté dispuesto a tomar. Nunca.

Por eso he dividido este libro en secciones que llamo «fundamentos de la vida». Ya sabes, los pilares de lo que todos debemos enfrentar, cosas como la confusa experiencia de la **pérdida,** o las complejidades del **amor**, o los agobiantes y agotadores campos minados del **éxito** y el **fracaso**. Si trabajas estas cuatro categorías, dispondrás del espacio que necesitas para lidiar con lo que esté pasando contigo y con tu situación. Son temas amplios, pero su sabiduría es profunda y útil.

Algunas personas compartimentan sus vidas para tratar de entenderlas. Separar esto de aquello. Vida laboral de vida privada, o vida familiar de vida social.

Eso es una estupidez. Independientemente del compartimento, siempre eres tú. He perdido la cuenta de las veces que me he cruzado con gente que proclamaba: «mi vida va bien excepto por [insertar compartimento aquí]», para después confesarme algún defecto de su carácter, o hablarme de una vida familiar o una carrera terribles, o de un reguero de relaciones/amistades o negocios rotos y decirme que, si tan sólo pudieran arreglar aquella única cosa que fallaba, su vida sería perfecta. ¡¡PARA!! Tu «vida» no va bien, ¡deja de engañarte y de bajar el condenado listón!

La verdad es que no puedes apagar ser tú de una situación a otra. A lo sumo serás más libre de ser el «tú» más completo y auténtico en algún área respecto a otra, pero *siempre* eres tú. Nunca dejas de serlo. Cuando eres más libre, eres más feliz. Cuando estás limitado, pierdes tu poder. Incluso si sólo se trata de una única cosa en tu vida, este tipo de supresión personal se expande en todas direcciones —y me refiero a *todas*—, lo veas o no. No te engañes o trates de escaquearte con esta idea de «todo excepto…». Es todo o nada. Y puedes hacer que ese todo vaya a tu favor si tienes la suficiente sabiduría para tomar el control de tu vida cuando, ocasionalmente, se desvíe.

Quizá con esto empieces a ver problemas en las áreas más limitantes de tu vida y en la absoluta inviabilidad de cómo los has aceptado mansamente porque «así son las cosas». Y un carajo. Puedes tenerlo todo y no deberías conformarte con menos. Punto.

En el capítulo de cada fundamento, compartiré contigo un puñado de máximas que utilizo y que se convertirán en el *inicio* de un camino que te corresponde explorar por tu cuenta. Voy a darte un truco: no te limites a leer por encima estas páginas. Pasa tiempo con mis palabras, toma apuntes si te apetece, incluso puedes subrayar o resaltar los pasajes en los que quieras sumergirte en la comodidad de tus propios pensamientos y preguntas. Tómate tu tiempo, pero, sobre todo, permítete sentir la incomodidad de este desafío.

Recuerda: la tentación de estar o no de acuerdo con estas máximas sin duda te limitará. Tendrás que dejarla constantemente de lado y pasar el tiempo necesario con cada idea para ser capaz de unir los puntos. Quizá tengas muchísimas experiencias reales que contradigan violentamente lo que yo afirme. Considera la idea de que no son las situaciones de tu vida las que entran en conflicto con lo que digo, sino tu «sabiduría» actual, la que has usado para meterte en ellas. Si te has pasado la vida creyendo que el amor es de una forma u otra, te sentirás contrariado cuando diga algo que te parezca totalmente opuesto a lo que ha asentado las bases de tu vida. Te desafío a convivir con esa tensión, pues ahí es donde ocurrirá el cambio, ¡y eso es lo bueno!

La vida que tienes es el producto de las perspectivas y las ideas que aceptas como ciertas, y, cuando observes la misma vida con otros principios, habrá un enfrentamiento. Y eso está bien. De hecho, es exactamente lo que queremos.

Puede que ya estés familiarizado con algunas de estas máximas y pienses que ya las conoces, pero no te dejes engañar. Ésta es la oportunidad de ir más allá de «saber» para llegar a un mundo de sabiduría y entendimiento. Muchas veces en mi vida he reexaminado cosas que creía saber y he terminado descubriendo algo por completo distinto. Cuando la vida avanza hacia áreas nuevas, es importante reexaminar las ideas aparentemente viejas para encontrar una nueva sabiduría desde la perspectiva en la que ahora nos encontramos.

La insidiosa arrogancia de ya saber puede afectar incluso a la más lista de las personas, aunque quizá no tanto como la rendición automática y el entumecimiento de la apatía. Hace un tiempo, subí un meme a mis redes sociales que decía algo como:

«Un día de estos, morirás». Unas cuantas personas me respondieron con insípida ambivalencia hacia la cita y una la desestimó como «nada nuevo».

¡¿Que tu vida terminará no es nada nuevo?! ¡¡¿¿Pero cuán condenadamente insensible eres??!!

Nunca me he tomado la idea de que algún día moriré con nada que no sea la seriedad que merece. Mi futura muerte me despierta cada día a la vida. Cada. Maldito. Día. Si te has vuelto indiferente a la inevitabilidad de tu propia desaparición… despierta. Estás dormido al volante. Puedes interactuar con el material que voy a presentarte como un libro de ejercicios, una guía de referencia o, en tiempos de necesidad, una fuente de entendimiento y claridad para poner tierra sólida bajo tus pies. Una sabiduría con la que puedes contar. Ten este libro cerca. Tenlo en el bolso, o en tu escritorio, o en la cocina o junto a tu cama. En cualquier lugar en el que puedas consultarlo a menudo y en los momentos en que más lo necesites. No te fallará. No te limites a leerlo: estúdialo, bébetelo y permite que te enseñe y expanda. Tu propia sabiduría surgirá de los pensamientos entre sus pasajes.

Ésta es tu oportunidad de desarrollarte de verdad, de endurecer tu piel y ampliar tu punto de vista, de convertirte en alguien que puede navegar la vida empoderado y confiado. Aunque es hora de que añada una pizca de malas noticias: como con el resto de mi trabajo, quizá descubras cosas que te obliguen a reexaminar tu vida actual. Quizá también te exija que te impongas algún cambio significativo y difícil. No titubees. No te escondas. Acéptalo. Tú puedes.

Ten en cuenta que todo lo que hago está diseñado para que cambies tu vida. También me aseguro de que este material tenga un costo que la mayoría de la gente pueda permitirse. Por lo que a mí respecta, los días en que el verdadero desarrollo personal era sólo para aquellos que podían pagar decenas de miles de dólares han terminado. Si aplicas lo que digo aquí, cambiarás tu vida. Y, si eres un adicto a la autoayuda cuyo «esfuerzo» nunca ha dado sus frutos, considera que ya no tienes excusas. No añadas este libro a la pila de «leídos, pero no hice nada con ellos» de tu estantería.

El truco con este libro consiste en, poco a poco, ir contextualizando tu vida entre sus pasajes, en permitir que sus ideas calen en ti, en reflexionar en los espacios entre sus líneas, en pelearte con sus elementos y en escucharte a ti mismo. Conecta con tu situación, con tus problemas y dramas, sumérgete en las palabras y presta atención a lo que surja de ellas. Quizá te sorprendas con tu habilidad innata para grandes cosas y las hagas realidad.

Así que, con esto en mente, vayamos por nuestro primer fundamento de la vida.

El amor.

Éste es un poderoso tema de opinión, posición y, a veces, misterio, pero es, con seguridad, uno en el que a todos nos viene bien un poquito de sabiduría de vez en cuando, ¿no?

Muy bien… allá vamos.

3

Amor

El amor poderoso y duradero consiste en escoger amar a otra persona por TODO lo que es, no sólo por las partes buenas que aprobamos y que nos resultan más agradables.

Por el amor de Dios, ¿por dónde empezar con algo así?

El amor es una parte tan enorme de nuestra humanidad que, a primera vista, parece un complicado caos de vitalidad abrumadora, ego, confianza/desconfianza, desesperación, preocupación, euforia, emoción devastadora, vulnerabilidad máxima, a veces ira, una conexión profundamente humana y cualquier otra montaña rusa de emociones que quieras echarle a la mezcla para no quedarte corto.

Sobre este tema, hay quien tiene la alegre actitud de que el amor puede con todo, mientras que otros se resignan tanto ante la noción del amor que se cierran completamente al concepto. Quizá estés en uno de estos grupos o te encuentres en un punto intermedio, con un pie a cada lado.

Algo de sabiduría significativa aquí y allá podría marcar la diferencia en este revoltijo de drama, deseos y estrategia. Para ser una parte tan crucial e importante de nuestras vidas, a veces es tremendamente intangible e inalcanzable.

El amor es un fundamento de la vida que nos deleita y nos frustra al mismo tiempo, que nos da la vida y nos destruye de una forma u otra. Pero también es un tema sobre el que hay una buena dosis de desacuerdo y fantasías. Por ejemplo, todos hemos oído hablar del «amor a primera vista». Es tanto una expresión muy común como un asunto de debate habitual.

Los más románticos entre nosotros insisten en que tal cosa existe, que podemos reconocer a «nuestra alma gemela» con tan sólo verla o escuchar su voz. Desde el momento en que conectamos a la distancia con ese ángel especial, nuestro corazón se dispara y nuestra cabeza da vueltas. Un rayo de luz abre los cielos y una bandada de palomas alza el vuelo mientras tu alma gemela surge de una bruma del gas mágico del amor para lanzarse a tus brazos abiertos. Los universos chocan y se alinean las estrellas. Entonces, tomados de la mano, ambos se montan sin esfuerzo en la barquilla del amor, balanceándose majestuosamente bajo el gigante globo del éxtasis, y salen volando hacia la estratosfera para toda la eternidad.

O algo así.

De repente, un aciago día caes catastróficamente de la barquilla del amor y te precipitas hacia la tierra a la vertiginosa velocidad de ay, qué carajo, y ¡BAM!

Se acabó.

Diablos, así que en esto consiste desenamorarse. ¡No me extraña que sea tan atroz!

Tendrías que haberte puesto un cinturón de seguridad del amor o, al menos, un paracaídas (¿o fue ése el motivo de tu infidelidad?).

A otros, los más cínicos, esto les parece una tremenda tontería. Sostienen que el amor a primera vista no existe en absoluto, por no hablar de la estupidez de la barquilla y el paracaídas.

Lo creas o no, hay incluso quien pone en duda que el amor, al menos lo que nosotros concebimos como tal, exista. Afirman que no es más que una serie de neuronas que se conectan y la respuesta física que producen, mientras nosotros seguimos entusiasmados su rastro como vagabundos perdidos, seducidos por la posibilidad de un nuevo horizonte.

Pero seamos sinceros. Creo que todos estaremos de acuerdo en que no suena muy romántico decir: «Escucha, mis buenas amigas las neuronas se me están disparando en la secuencia que tú ya sabes, así que, probablemente, deberíamos casarnos»... ¡¿no?!

EL AMOR EN EL MUNDO REAL

Para la mayoría de nosotros, la idea del amor existe en los neblinosos vapores de nuestros pensamientos, sigamos la versión lógica, la romántica o una en algún punto del abismo entre las dos. Es una amalgama de imágenes, recuerdos de sucesos e ideales aprendidos, todo entretejido con ciertos comportamientos y emociones comunes.

No suena a receta para la lucidez y el empoderamiento real en estos asuntos, ¿verdad?

Sea el amor romántico o el familiar, el amor de un amigo o el de un animal, o tu amor genuino por la especie humana o ciertas situaciones, el amor del que hablo aquí se refiere a todos ellos. En resumen, hablo de ti y de la forma en que lidias con el amor en tu vida real. De cómo te expresas, te reprimes o te abres paso desesperadamente a través de las personas en busca de tu «alma gemela», que será la respuesta a una pregunta crónicamente incontestable.

Aquí, quiero que examines las formas en que amas en tu vida. No los comportamientos ajenos o el amor entendido como concepto. Me refiero a tu situación actual y al amor que compartes (o no) con tus amigos, a cómo amas a tu madre, a tu pareja, a tu gato o a tu hijo. Obviamente, también incluyo la idea de que hay gente por la que no expresas tu amor, o que te tiene tan atrapado en el resentimiento o el odio que no te planteas siquiera el amor como posibilidad.

EL AMOR COMO ELECCIÓN

Parte del problema de amar a otra persona es que, generalmente, viene acompañado de una oleada de dopamina en tu cerebro que deforma la realidad, ocultando muchas cosas que, en el caso del amor romántico, sólo empiezan a manifestarse cuando ya estás hundido hasta el cuello. Lo que solía maravillarte en aquella persona o situación también puede terminar convirtiéndose en lo que te vuelva loco.

Sayonara, dopamina; hola, resignación, duda y sutiles tintes de resentimiento salpicados con generosidad en conversaciones mundanas.

Cuando, inevitablemente, esto termina por ocurrir, es fácil que empecemos a amargarnos y a encontrarle fallas a cualquier cosa. Por supuesto, como con todo, empieza en tu cabeza. Una duda por aquí, una pregunta por allá cuando las cosas empiezan a no ir tan bien… Se acumula en estratos con el tiempo. En muchos sentidos, todas nuestras relaciones amorosas son susceptibles a este proceso, incluso el amor que sentimos por nuestros padres, amigos o hijos. Un amor auténtico y verdadero no se trata sólo de apreciar lo mejor en una persona. Cualquiera con un gramo de compasión o decencia puede apreciar la belleza física, el carácter o la inteligencia. Esa mierda es fácil.

El amor poderoso y duradero consiste en escoger amar a otra persona por TODO lo que es, no sólo por las partes buenas que aprobamos y que nos resultan más agradables. Particularmente, cuando eres puesto a prueba con la posibilidad de ir por otro camino. De desconectarte o traicionar. Debo señalar que traicionar a alguien no se limita sólo a tener una aventura. Puedes traicionarlo echándote atrás respecto a quien eras cuando te metiste en esto.

Quizá sigues allí físicamente, pero nada más.

Si profundizas un poco más, terminarás por ver que no estás traicionando a la otra persona, sino a quien dijiste que eras o serías. Es una de esas traiciones a uno mismo. Pero lo peor ni siquiera es la traición, sino el fingir que no la estás cometiendo. Eso es lo que duele. Verás, los motivos o las justificaciones que puedas tener para hacer lo que haces dan igual: tú eres quien mantiene la farsa y, aunque pueda ser útil tener una vía de escape ocasional para tus problemas, esto ya es demasiado, ¿no te parece?

Tic tac, la cuenta regresiva está en marcha y tu farsa de vida pasa de largo.

Por lo tanto, en otras palabras, amar de verdad a alguien es amar el todo, escoger amar a toda la persona y a su personalidad, para bien o para mal.

El amor es, por su naturaleza misma, incondicional. Y cuando digo incondicional, de verdad me refiero a que no tiene más opciones que el amor en sí mismo. Fluye, es irresistible y lo abarca todo. El amor incondicional es la única clase de amor que existe. Conozco a gente que utiliza la expresión «amor con condiciones», pero ése es otro fenómeno. Es como si algo obstaculizara ese amor en su máxima expresión que eres tú. Es dubitativo, comedido, juzgado, a veces dañino. Eso no es amor, sino una estrategia para sobrevivir a algo. Puedo escuchar tu desacuerdo desde aquí... ya, déjalo.

Por cierto, el amor no duele. El amor es una maldita maravilla. La decepción es lo que duele y tus expectativas son el vehículo que te hundirá centímetro a centímetro en ese agujero.

No estás descontento con tu vida amorosa, lo estás con la falta de un amor que pensaste que tendrías. Y, cuando estés en ese punto, te darás cuenta de que, en realidad, estás viendo tu relación desde fuera, observándola y juzgándola. Ya no estás en ella como solías estarlo. Ya no estás atrapado por el amor de tu vida. Esa carga ahora le corresponde a otro, a quien ahora estás observando.

Pero, por otro lado, cuando de verdad ames a alguien hasta las rechonchas puntas de los adorables y esponjosos dedos de tus pies, las condiciones serán lo último que se te pasará por la cabeza.

Seamos claros: no digo que debas seguir amando a alguien a pesar de las circunstancias y vivir en absoluta negación de todo lo que pueda hacer o decir.

Sin duda se dan situaciones en que, cuando dos personas se juntan, el resultado hace más mal que bien. Si te encuentras en una situación así, no digo que debas seguir amando a esa persona por toda la eternidad.

El amor existe en un momento dado en el tiempo. El presente. El amor siempre es en el presente. Aunque sea inconfundible e incondicional, que te encuentres ante el amor no implica que todo lo demás comparta esa incondicionalidad. Puedo amarte y no estar de acuerdo contigo, pero sólo hasta que mi desacuerdo empieza a arruinar nuestra conexión. Porque es ahí cuando la arrogancia, el resentimiento, la ira o la frustración toman el control y hacen que prepares la maleta imaginaria… por si acaso.

Una persona puede pasarse años fantaseando con «escapar» sin mover un dedo. Y, peor, mucha gente está en su relación actual pensando ya qué hará de otra forma en la siguiente, como si fuese una versión de prueba para su fantasía de película romántica.

Puedes llegar a un punto en el futuro, sea dentro de diez años o de diez días, en el que ya no puedas soportar las «cosas» de la otra persona, en que descubras que ya no estás dispuesto a escogerla, que quizá incluso la odias. A lo mejor te ha engañado, o te ha robado, o se ha dejado llevar por sus propios demonios durante demasiado tiempo. Su vida puede estarse desviando en una dirección que no habías previsto y que no entraba en el trato que hicieron.

Cualquiera que sea la cosa que se haya entrometido, quizá sea algo con lo que ya no estás dispuesto a lidiar.

Tu deber entonces es responsabilizarte de tu rechazo. Sin culpas, sin dramas estúpidos: se terminó. Y ahora tomas partido por algo nuevo. Si vas a dejar una relación, déjala cuidándola y honrándola como cuando llegaste a ella, sin importar cómo responda la otra persona. Se la llama integridad personal. Utilízala a tu cuenta y riesgo.

«Sí, pero…». Arréglatelas.

(Nota para mí: sin duda tienes que escribir un libro sobre relaciones que la rompa).

En cualquier caso, en este preciso instante, las personas a las que amas de verdad son las personas a las que amas enteramente, con lo bueno y lo malo. Un amor total y completo.

POR EL AMOR DE UN SER HUMANO

Amar es sufrir y, de lo contrario,
no puede haber amor.
—Fiódor Dostoyevski

En una primera lectura, esta cita de Dostoyevski puede parecer algo dura, pero tiene todo el sentido cuando te das cuenta de la importancia que le daba al amor. El amor es crucial, esencial a nuestra naturaleza, pero eso no significa que sea un cuento de hadas. Hay cosas buenas y malas en cualquier relación amorosa, sea con tu pareja, con tus padres o con tu rara tía May.

¿Por qué es tan crucial el amor? Porque los seres humanos no somos, en esencia, más que amor. Es lo que somos. Todos.

«¡¡¿¿Qué??!!».

Sí. Todos nosotros.

A estas alturas, tal vez ya se te pasó por la mente un puñado de personas particularmente desagradables que conoces o con las que te has cruzado hace poco. Si los seres humanos somos amor, ¿por qué es tu casero un viejo gruñón? ¿No?

¿Por qué tu padre es tan cínico o tu hermana tan rencorosa? ¿Por qué tu jefe es TAN pendejo? Vamos a ver, la mayoría de gente es amor, pero hay unas cuantas personas completamente estúpidas en tu vida, en especial tu ex. ¿Verdad?

Pero puedo asegurarte de que es la verdad, aunque sea mucho más evidente cuando nacemos. A veces, los pequeños pueden expresar amor en las circunstancias más inesperadas. Y nada puede entrometerse en su camino. Nada.

Pero, a medida que crecemos y nos hacemos mayores, distintos elementos en nuestras vidas y en nuestro entorno empiezan a bloquear ese amor, así que nos cuesta expresarlo y ser tan cariñosos como podríamos.

¿Y qué pasa con la gente «mala»? Bien, en primer lugar, ésa es una palabra agresivamente sobreutilizada que he escuchado de forma dramática en tesituras que no le correspondían. En la mayoría de los casos, no sólo no aplica, sino que hace que la situación se vuelva mucho, mucho peor de lo necesario. En segundo lugar, una mejor forma de verlo es que, aunque todos empecemos en el mismo camino, no todos lo seguimos de la misma forma. Algunas personas se desvían; sus pensamientos, emociones y comportamientos los llevan en una dirección que les hace daño y, llegado el momento, a un lugar muy oscuro y destructivo. En cualquier caso, esto se refiere sólo a la pequeña fracción de la población mundial que se comporta así. De modo que volvamos a los mierderos de tu vida.

Verás, es fácil amargarte y volverte defensivo y estratégico respecto al amor en todas sus formas. Estar de mal humor, controlar las situaciones de tu vida, ser moralista y posicionarte respecto a quién tiene razón y quién se equivoca. Negar y utilizar el amor como arma para que una situación se resuelva como tú quieres. Dominación, dominación, dominación. Eso es. Incluso cuando sientes que tú también eres una parte afrentada.

Hay decisiones, largamente olvidadas, que tomaste de adolescente o de joven, cuando te sentiste humillado, violentado o rechazado. Aunque el recuerdo siga ahí, lo que decidiste entonces se sumerge en las profundidades de tus pensamientos y te empuja hacia un lado u otro. Hay, además, decepciones y tragedias que se han acumulado sin que te des cuenta y que también pueden terminar por cambiar tu rumbo e interrumpir el flujo de tu autoexpresión. Ya no sólo eres tú. Eres una versión de ti mismo. Y no siempre una a la que le tengas un cariño particular, independientemente de cuánto te hayas obstinado con ella.

Estaría bien que te detuvieras aquí para reflexionar sobre lo que se interpone en tu camino en lo que respecta al amor. En otras palabras, ¿cuál es tu historia? ¿Cómo explicas las barreras que te separan del resto de las personas en tu vida? ¿Cómo tu apego a tu punto de vista, a tus motivos y a tus justificaciones se ha convertido lentamente en algo más importante, que te define más, que quien eres en realidad? Mira, todos somos humanos, todos experimentamos nuestras vidas desde nuestra burbujita privada de realidad. Pero a menudo defendemos esta estúpida burbuja hasta la división y el rencor. ¿Para qué?

¿Para tener razón? Ah, no, no me lo digas... ¿para protegerte?

Nunca me rebajaría tanto como para darle todo el poder de quien soy y de lo que creo al comportamiento de otra persona. Soy un maldito prodigio de la naturaleza y tú también. Compórtate como tal.

Odio cuando la gente me encasilla, cuando, básicamente, decide qué piensa de mí y todo lo que soy. ¿No sería, entonces, algo hipócrita por mi parte hacer lo mismo con ella?

No puedes pasarte la vida luchando por que te acepten y, al mismo tiempo, no aceptar a otras personas por lo que son.

Por eso me aseguro de interrumpir constantemente mis narrativas sobre otras personas y sustituirlas por compasión y comprensión. No estoy en posición de juzgar a nadie en esta vida. Y tú tampoco, Poncio.

La gente hace lo que hace, eso es cosa suya. Yo estoy demasiado ocupado haciendo que ocurra mi propia vida para perder el tiempo parándome a juzgar la de los demás. Pero que no te quepa duda de que la gente termina volviéndose de cierta manera con el tiempo, y esto ocurre tan poderosa pero lentamente que es difícil darse cuenta. Dale una oportunidad a la empatía. Quizá te sorprendas.

Deja que te dé dos ejemplos de extremos opuestos. Hay gente que puede ser demasiado fría, demasiado desapegada, que a menudo hace daño a los demás con su aparente falta de afecto. También defenderán ese estado de desconexión: «Soy feliz así» —que, alternativamente, podría entenderse como: «Me siento más seguro así»—. Se amparan en la seguridad del aislamiento o en la ignorancia escondida tras la indiferencia. No nacieron «así». De hecho, fue más bien al contrario.

Y, por otro lado, hay quien es demasiado afectuoso, demasiado «pegajoso», que asfixia a la otra parte con su constante necesidad de atención. «Estoy bien. ¿Estás bien? ¿Estamos bien? ¿No estás bien? ¡No estoy bien!». La ansiedad de la desesperación. El problema de este amor es que nunca termina de funcionar para el alma desesperada. A ver, ¿cómo podría hacerlo si ha dedicado sin darse cuenta su vida a partir de una posición de «no amor»?

Dale vueltas a esta pequeña bomba mental: la gente en sí misma NUNCA está atrapada. Lo único que queda atrapado de una persona son las cosas de las que habla. Quedamos atrapados en nuestras historias, en nuestras descripciones de la vida. Esa clase de trampa sólo te permitirá ver la vida desde un punto de vista determinado, con las mismas soluciones predecibles a las mismas viejas historias, una y otra vez. No estás atrapado, lo está tu discurso.

Así que, si sufres de lo que se siente como una falta de amor en tu vida, el problema no es «encontrar» el amor. No es algo que puedas agarrar de un árbol o pedir en la barra de un bar. Y, no, no está «ahí afuera» en una página de citas o en la persona sobre la que te volcarás en cuanto tu pareja actual salga por la puerta.

Al contrario, primero debes observarte a ti mismo, lidiar con lo que está en tu camino, aprender a expresar completamente tu amor y a exponerte a las atenciones de otra persona, y todo de una manera madura y cuidadosa. De una forma que funcione.

Usa las máximas del próximo capítulo para guiarte hacia la creación de nuevas concepciones mentales sobre el amor. Cuando cambiamos nuestra perspectiva del amor, también cambiamos cómo hablamos de él y los relatos que contamos. Y estos cambian las acciones que realizamos. Verás cómo tus relaciones crecen y florecen con tu nuevo vínculo con el amor y todo lo que tiene que ofrecer.

SÉ AMOR

Obviamente no cubriré aquí todo lo que haya que decir sobre el amor, ni te convertirás de golpe en una condenada máquina de amar, ni desbordarás zen. Quizá ya estés defendiendo tu noción preexistente de lo que es y no es el amor, o de lo que debería o no debería ser. Quizá incluso te esté costando encajar lo que he dicho hasta ahora en tu propia vida. ¡Esa es la idea! Si ya te estás poniendo a la defensiva, lo que sea que estás defendiendo es una parte importante de lo que hace que tu vida sea como es. Éste es un punto desde el que puedes empezar a reinventar tus ideas y creencias sobre el amor. Empezar a dar forma a un entorno en tu mente y en tu vida donde tu relación con él sea tanto sana como alentadora.

¿Te decepcionarán otras personas cuando escojas amar? Probablemente, sí. ¿Responderá siempre la gente como quieres que lo haga? *Nope*. ¿Deberías usar el amor para cambiarla? No, pero eso no es amor. Eso es usar el pretexto del amor para obtener un resultado que, a su vez, hará que tu amor sea falso. **Nunca** «uses» el amor como estrategia o como arma. No juegues a eso. Eso es para bobos y charlatanes.

El verdadero amor no busca nada a cambio. No es una carga, ni está mancillado por deseos o necesidades. Es una forma mágica y singular de ser que sólo requiere un receptor, un lugar donde ser expresado. Y de ti depende expresarlo.

Hacer que arda brillante y fuerte ante todo lo que la vida quiera poner en tu camino.

No debes buscar el amor en otros, sino que debes escoger *ser* amor con otros, y es imprescindible que entiendas y aceptes a quien estés escogiendo amar. Es tu maldita elección. Hace falta verdadero valor para amar a alguien, para exponerte a esa clase de vulnerabilidad sin ninguna garantía de nada. Pero también hace falta esa misma clase de valor para admitir que ya no estás dispuesto a amar a una persona, especialmente, resistiéndote a la a veces abrumadora necesidad de reunir las pruebas necesarias para culparla de tu situación.

¿Por qué deberías amar a otra persona? Porque puedes. Punto.

Ahora, imagina que ya tuvieras solucionado lo del amor en tu vida. Que fueses verdaderamente libre de expresar tu amor por otras personas, de soltar el resentimiento y dejar ir la ira o la necesidad de tener razón, que pudieras ser abierto, comprensivo y capaz de controlar tus historias de supervivencia más comunes y egoístas.

¿Y si pudieras liberarte de juzgar cómo te quieren o no te quieren los demás, de la búsqueda de aprobación y de transferir tus necesidades a otras personas?

¿Y si pudieras limitarte a *ser*? Amor.

4

La sabiduría del amor

«*El amor es responsabilidad de la persona que lo siente*».

Pasamos gran parte de nuestras vidas adultas responsabilizando a otras personas de lo que queremos nosotros. Tenemos un problema serio cuando no se comportan como nos gustaría o no nos dan lo que queremos. Estamos alienados por nuestros deseos y necesidades. Perdidos en lo más remoto de nuestros miedos más profundos. Armados sólo de resignación y resentimiento e impulsados por el pozo sin fondo de lo que creemos justo y «correcto». ¡¿Cómo se atreve esa banda de pendejos?!

En mi carrera, he sido testigo de cómo muchas relaciones se desmoronan sólo porque una persona (aunque a veces han sido ambas) le exigía continuamente a la otra el amor que ella misma buscaba. Era un juego interminable de juicios y culpas. La montaña rusa emocional de «recibirlo-no recibirlo».

Piénsalo. Quejarte (sea verbalmente o en el silencioso resentimiento de tus propios pensamientos) de que otra persona no te da lo que tú quieres es cargar la responsabilidad en ella. Ahora es su trabajo hacerte sentir amado, querido o importante. Así que aparecen la desesperación y/o la resignación.

«¡No me apoyas!».

«¡No me quieres!».

«¡No te importo!».

Sería lo mismo que gritaras: «¡¡HAZME SENTIR MEJOR!!».

Desafortunadamente, las cosas no funcionan así. Esto no te conseguirá lo que quieres en la vida —en este caso, el amor—. Buscar lo que «necesitas» en otros nunca llenará tu vacío. Siempre habrá un hueco en la boca de tu estómago o en un rincón de tu corazón.

Expongamos un ejemplo muy común de mala sabiduría: «El amor es un 50/50» o «El amor es un toma y daca». Ambos harán que te pares a juzgar a menudo qué tal lo está haciendo tu pareja mientras, inocentemente, cuentas las veces que te has puesto por delante en el marcador. Es una mala sabiduría que, en realidad, divide más que conecta.

Lo sé, lo sé, parece una buena idea, ¿no?

La verdad es que, si te falta amor en la vida, el problema es tuyo. Siempre. El amor es una expresión, no un destino al que llegar, o una baratija que buscar y adquirir. La forma de crear más amor en tu vida es ser amoroso, no buscarlo en otras personas. Y, si no estás satisfecho con quien se supone que deberías estar amando... eso también es problema tuyo. Eres un fenómeno autogenerado, un maldito milagro del ser, ¿recuerdas? Compartir el amor no es más que eso: una oportunidad para expresar tu amor. Lo compartes porque tu capacidad de hacerlo es ilimitada.

Y nunca debes compartir tu amor como forma de manipulación o estrategia para cambiar a otras personas o para forzarlas a jugar según tus reglas. Amas porque puedes. Eso es todo.

Ambos sabemos que una relación es mucho más sencilla si la persona con la que estamos también entiende todo esto, si quiere expresar su amor con nosotros. También sabemos que, sencillamente, éste no siempre es el caso. ¿Qué debemos hacer si ocurre esto? ¿Y si se convierte en una carretera de una sola dirección?

Amar.

Amar hasta que ya no estemos dispuestos a amar y, en ese preciso momento, ser lo bastante valientes para admitirlo ante nosotros mismos y ante los demás y para lidiar poderosamente con las consecuencias de esta indisposición.

Me gustaría que te detuvieras un rato en lo que voy a decir. Siempre que «sientas» el amor de otra persona, considera que, en lugar de la noción más aceptada de que te lo está dando o de que lo estás recibiendo, en realidad eres tú quien está expresando ese amor. Que, de hecho, eres tú quien está creando el amor en esos momentos, y cada vez que aparezca en tu vida hasta el día de tu muerte.

Profundiza en esto. ¿Qué implicaciones tiene? ¿Cómo lo sientes cuando lo comparas con tu vida? ¿De dónde sale este amor?

«No puedes "tener" amor».

Pues bien, acabamos de perder cada comedia romántica jamás rodada. Lo siento, amigos.

Conque controvertido, ¿eh? En realidad, no. Al menos no cuando te das algo de tiempo para pensarlo.

Todos nacimos en una vida donde el amor ha sido romantizado, perseguido, peleado... así que no es de extrañar que estemos tan dispuestos a tragarnos algunas de las «supersticiones» más extensamente aceptadas sobre él.

Eso es: supersticiones.

La mayoría de las formas en que piensas en el amor son tan reales como el nacimiento del sol por la mañana (no funciona así; la Tierra se mueve alrededor del sol, ¿recuerdas?), aquello de los gatos negros, las grietas en el pavimento (madres de todo el mundo acaban de soltar un enorme suspiro de alivio) o el volcar la sal y la imperante necesidad de tirarte un puñado por encima del hombro para protegerte de la bestia satánica que se acerca entusiasta con su camiseta de NSYNC… Eh, es mi demonio y yo decido qué ropa lleva.

Hay muchas cosas en la vida que puedes perseguir. Dinero. Sí, en cierto sentido puedes «tener» eso. Un trabajo. Sí, técnicamente también puedes tener eso. Estudios, carros, zapatos nuevos, el cuerpo que quieres, el ascenso que buscas, etc., etc., etc.

Pero no el amor.

No puedes «tener» amor.

¡Vamos! Es que ni siquiera tendrías dónde meterlo. (Y no me digas que en tu maldito corazón. Me gustan las metáforas románticas tanto como a cualquiera, pero tu corazón no es más que un órgano gigante que se ocupa de distribuir sangre).

El amor tampoco es un objetivo. ¿Por qué? Porque, si el amor es algo a lo que aspirar, ¿con qué te deja eso en el aquí y el ahora? Con desesperación. Así que terminas atrapado en la trampa de la desesperación/ alivio-de-la-desesperación durante las siguientes décadas de tu vida. Algunos de ustedes ya habrán pasado por aquel mierdero y podrán atestiguar que te absorbe incansablemente la vida.

¿Buscas amor? ¡POR EL AMOR DE DIOS, PARA, MANO! ¿No has estado prestando atención?

Trata de usar tu imaginación y recréate en la idea de «tener» amor. Es fácil identificar la presencia del amor, igual que es fácil identificar la presencia de la ira, de la indiferencia o del resentimiento con uno mismo. ¿Qué tienen en común todas estas cosas? Que son experiencias de tu propia humanidad. También verás que vienen y van, que suben y bajan, algunas con más regularidad de la que quisieras; otras, con menos.

Cuanto más te liberes de la presión de tener amor, más espacio tendrás para expresarlo. Y, además, expresar amor es la única forma de amor en la que tienes algo que decir. Si el amor en tu vida es el resultado de tu autoexpresión… ¿dónde está el límite?

Probablemente, éste sea un buen momento para detenerte a reflexionar, ¿no?

Empieza con algo como: «Dado lo que estoy viendo, ¿cómo cambia la forma en que entiendo mis relaciones pasadas y cómo enfocaré las que están por venir?».

Date el tiempo y el espacio que necesites para explorar esta noción del amor por tu cuenta, para encontrar un lugar en que puedas asimilarlo y empezar a vivir desde su promesa.

«La máxima expresión del amor es amar a otra persona como quiere ser amada».

Normalmente, amamos a la gente como creemos que debe hacerse.

Hay una especie de estándar o modelo que tenemos asimilado sobre lo que es el amor y cómo debería verse, y lo aplicamos a nuestras relaciones. Más que nada también discutimos acerca del modelo. Y la mayoría de la gente ni siquiera sabe que está comparando su vida amorosa con su modelo subconsciente de cómo «debería ser».

Es un *collage* de tus propios puntos de vista y de opiniones que has juntado a lo largo de tu vida al observar cómo se presentaba el amor en tu familia, entre tus amigos y en tus relaciones anteriores. Hay, además, una importante influencia cultural, pues los usos sociales de donde creciste y hasta los amantes en la literatura clásica o en los guiones de películas románticas se han abierto paso en nuestras ideas sobre cómo debemos amar.

Desafortunadamente, la otra persona —ya sabes, aquella a la que, en teoría, estás amando— a menudo no comparte exactamente las mismas ideas sobre cómo debería ser este asunto del amor.

Quizá a ti te parece que agarrarse de las manos es cursi o sensiblero, pero a tu pareja le acelera el corazón. Quizá sientas que cada conversación debería estar llena de «te quiero» y motes cariñosos, pero ella piensa que la mayor muestra de amor es trabajar sesenta horas a la semana, o quizá algo que no se dice, o una acción que, superficialmente, no grita: «¡TE AMO!».

Por suerte para nosotros, tendemos a coincidir en bastantes cosas. En Occidente, por ejemplo, casi todos vemos los besos en los labios como un gesto romántico. Pero también hay muchas discrepancias.

Por eso todos hemos tenido experiencias en que tratamos de expresar nuestro amor de una forma determinada, de hacer algo que imaginábamos amoroso, sin provocar el efecto deseado. En el peor de los casos, si tu forma de amar no se correspondió con lo que la otra persona quería, puede haber tenido el efecto totalmente contrario.

Dos personas, dos ideas distintas. No sólo sobre cómo amar, sino también sobre cómo quieren ser amadas.

¿Has pensado alguna vez en cómo quieres ser amado? No, en serio, ¿cómo quieres ser amado en tu relación más estrecha?

La única forma de conectar, de crear vínculos con otra persona, es expresar el amor como a ella le guste. Y averiguarlo es tan sencillo como preguntar. Puedes hacerlo directamente o indagar de formas más indirectas para hacerte una idea.

A partir de ahí, el verdadero desafío es hacer lo que sea necesario para amarla como ella quiere. Pero el proceso vale la pena, porque es el único camino hacia una relación fuerte y real.

«*Cuando alguien dice que no te ama, no tiene nada que ver contigo*».

No, en serio, eso es todo.

Esto es lo más cercano a una «verdad» que podré darte nunca. Deposítalo en el maldito banco. Esto no significa que debas apiadarte de la otra persona o achacar tu «oportunidad perdida» a sus problemas o lamentos.

Sigue adelante. Sal de vuelta a la cancha, aunque la otra persona te culpe (y lo más probable es que lo haga). Y, si no puede culparte a ti, probablemente señale alguna circunstancia o misterio del universo para explicar su situación. Como siempre, responsabilízate de tus propias acciones, aprende de esta experiencia y, cuando sea necesario, arregla tu desastre.

Cuando simplemente «no hay» amor en alguien, debes renunciar a la idea de que te corresponde a ti hacerle ver la luz, a pesar de lo que hayas visto en televisión o leído en las revistas. Por muy tentado que te sientas, deja también de buscar «pistas» en su comportamiento o en sus comentarios. Si lo haces, estarás poniendo tu vida en pausa, retrasando la magia de un futuro que todavía no ha llegado. Empieza cuanto antes a sanar y sigue adelante. Por cada persona que perseveró y logró arreglar milagrosamente su relación, otros tropecientos treinta vieron cómo sus vidas se fueron de cabeza a la basura precedidas por una infinidad de momentos dolorosamente vergonzosos, noches de llanto entre amigos y alguna orden de alejamiento.

Dos de las razones por las que la gente trata de aguantar en estas situaciones son que entienden el amor como algo poco frecuente y que, además, sólo les puede ser concedido por otra persona. Ambas cosas son falsas. Hay muchísima gente maravillosa en este mundo y puedes expresar tu amor por cada persona de una forma única y satisfactoria. Raramente habrá dos amores iguales (si es que ocurre) pero eso no limita su potencia o su magia. Todos son condenadamente maravillosos.

El amor sólo empieza a limitarse cuando lo comparas a otro amor. Nunca podrás disfrutar de una fresa si esperas que sepa al queso que te comiste antes. Todos los amores de tu vida son amor.

Dalo todo por ellos y, si alguien ya no quiere compartirlo contigo, desvía tu atención hacia quien sí lo desee.

«*El secreto del amor es amar a la gente por quien es*».

Casi había terminado de escribir este libro —de hecho, tenía el proceso de edición muy avanzado— cuando mi madre falleció repentinamente.

El impulso de compartir algo sobre ella y sobre el impacto que tuvo en mí fue arrollador, y mi primer reflejo fue incluir estas palabras en la sección sobre la pérdida.

Eso hubiese sido una farsa para mí y una oportunidad perdida para ti.

Verás, tuve suerte. Alrededor de una docena de años antes de su muerte, me desperté de la fiesta de la autocompasión que había sido mi cumpleaños número treinta y decidí responsabilizarme de cómo estaba yendo mi relación con ella. Esta nueva actitud lo cambió todo. Ella no cambió en absoluto. Lo hice yo.

El problema es que la mayoría de la gente cree que ya se está responsabilizando de su papel en sus relaciones, aunque siempre vomite el mismo chorro de justificaciones para explicar por qué algunas de las relaciones más importantes de su vida no funcionan.

Debes partir de la idea de que tus justificaciones no sirven de nada y de que te hacen peor persona, pues esconden algunos aspectos de ti a los que te has acostumbrado hasta convencerte de que ni siquiera son un problema. Es difícil ver cuán atrapado estás hasta que, por fin, eres libre.

¿Libre de qué? De tu lujo más preciado: tu punto de vista. Lo único por lo que estarías dispuesto a destruirlo absolutamente todo.

Cuando, al fin, logras aislar y destruir tu historia, la omnipotente narrativa de cómo son/eran las cosas y cómo deberían/hubiesen debido ser, cuando te enfrentas al daño real, evidente y autoinfligido, y te responsabilizas por dicho daño, que vivirá contigo ininterrumpidamente y para siempre, te pones en una posición muy poderosa. En un lugar de creación, de tener una verdadera autoridad sobre cómo van todas tus relaciones.

Y eso es exactamente lo que hice yo.

Escogí amar a mi madre. A toda ella. Olvida toda esa mierda de «buscar el lado bueno» o de los «límites sanos». Me enamoré perdidamente del concepto del amor y fui con todo.

Escogí admirarla en lugar de sentir rencor, recurrí a la comprensión en lugar de a la reacción, al amor por encima de todas las cosas.

Y, durante todo aquello, ella siguió siendo la misma. Ella misma. Sin cambiar. Mantuvo su temperamento, sus cambios de humor, su lógica y sus acciones. Pero yo me enamoré de quien era en lugar de malgastar mi vida perdido en la locura del arrepentimiento y con la agotadora tarea de anhelar a quien quería que fuera. Surgió repentinamente ante mis ojos: su perseverancia, su resistencia, su vigor, su poder y su voluntad.

Me enamoré de la madre que tenía. Bum.

Y ése es el «secreto» del amor. Amar completamente a alguien por quien es: por su humanidad, sus manías, su pasado, sus partes incompletas y sus puntos de vista. No tienes que adoptar todas sus cosas como propias, ni que dejarte pisotear o ser la víctima de nada. Esto se trata de lograr la libertad para ser tú mismo y lo logras concediéndoles a otros la libertad para ser ellos mismos.

Pruébalo. Ama a quienes son, del todo, y sé testigo de cómo el drama de tu vida se esfuma con el viento.

Date tiempo para reflexionar sobre todo lo que hemos dicho aquí y profundizar en ello. Te sugiero que retrocedas algunas páginas hasta los pasajes que te hayan interpelado, que pienses, que tomes apuntes y que te empapes en ellos. Recuerda que las palabras que habitan estas páginas podrían revolucionar no sólo tu presente, sino también tu futuro. Y que todo esto sólo importará en la medida en que hagas que importe.

Ésta es tu oportunidad. Aprovéchala.

5

La pérdida

*Siempre puedes
decidir enfrentarte a
la pérdida de forma
que te empodere en
lugar de asfixiarte.*

Básicamente todo lo que te han enseñado sobre la pérdida es una maldita mentira.

Este tema ha sido envuelto en un incuestionable caparazón cultural de supersticiones, miedo y clichés para inspirar compasión.

La pérdida está muy a menudo relacionada con la muerte de alguien importante en tu vida, sea una pareja, un familiar, un amigo o hasta una mascota. Incluso nos referimos habitualmente a esto como «perder a alguien», y lloramos esta pérdida. Tiene sentido, ¿no?

Pero hay otra clase de pérdida que, con la misma facilidad, puede acabar con tu futuro, aunque su impacto sea tan sutil, insidioso e invasivo que apenas te des cuenta de su presencia hasta que te está asfixiando. Y superarla puede parecer completamente imposible.

La pérdida de un sueño o de una situación, la muerte de la respuesta a un dilema o situación. También pasamos un luto por las cosas que deberían haber ocurrido pero que, por algún motivo, no lo hicieron. Aunque no siempre se sienta como la oscuridad del luto, no dudes de que esa clase de pérdida tiene un impacto real y dañino, a no ser que la reconozcas y lidies con ella de forma sana. La mayoría de la gente siente que es capaz de superar esa clase de pérdida razonablemente deprisa, pero las cosas no son así. Cuando dices «superar» lo que de verdad estás diciendo es: «Voy a enterrar esto y seguir con mi vida», de forma que «esto» termina viviendo en el trasfondo de tus pensamientos, empujándote hacia donde quiere, afectando tu vida de formas que no puedes ni empezar a imaginar. Además, puedes quedarte atrapado en esta historia durante años con un impacto potencialmente catastrófico. Puede poner tu vida en pausa, torcerla o hacerla esperar un cambio que nunca llegará. Arrepentimiento. Decepción. A veces, también resentimiento.

Cuando las cosas que queríamos tener no se materializan, o los eventos que necesitábamos que ocurrieran terminan por no acontecer, quizá no veamos una pérdida material que podamos señalar, pero la *sensación* de pérdida está ahí de todos modos. Corres el riesgo de terminar viviendo en ella de formas a las que te acostumbras tanto que apenas te percatas de cuánto sigues «ahí». El sufrimiento es optativo, lo creas o no.

Quizá tu matrimonio o tu relación no hayan ido como esperabas, o quizá el problema sea un trabajo, una casa, o un plan que hubiese solucionado todos tus problemas. Quizá el sueño del libro superventas que anhelabas escribir y con el que fantaseabas no ha llegado a manifestarse en la fría realidad de tu vida, o quizá sea algo tan profundo como que la infancia que creías merecer no se corresponda con la que tuviste.

Verás, existe tanto la «pérdida» física real cuando alguien muere, que puede hacerte sentir dolorosamente impotente y consumirte, como una clase de pérdida donde no se ha perdido nada tangible. De hecho, lo único que se ha «perdido» es una idea, un potencial o un sentimiento, pero nada en términos reales. La gente habla a menudo de la pérdida de la esperanza, por ejemplo, cuando en realidad la «esperanza» no es más que un sentimiento positivo que uno conjura para lidiar con algún mierdero por el que esté pasando en la vida. Si eres alguien que se apoya en la esperanza para vivir, renuncia a ella y empieza a actuar de forma distinta. Puede dar miedo y, diablos, incluso doler, pero tiene muchas más posibilidades de resolver el problema que la novocaína de la esperanza que le estás aplicando a los mayores desafíos de tu vida.

Quizá todavía extrañes un amor perdido de hace años que existe como una barricada firmemente interpuesta en tu relación actual (o tu no relación). Quizá te pases el tiempo mirando atrás, pensando, soñando, comparando y tejiendo una narrativa, resignándote más y más a la vida que tienes y anhelando todavía la vida que esperabas o deseabas.

Amigo mío, estás viviendo en una maldita fantasía. Es hora de despertar.

El estado más doloroso del ser es recordar el futuro, especialmente el que nunca tendrás.
—Søren Kierkegaard

LUTO Y CRECIMIENTO

Pasar un luto es una parte perfectamente natural de la existencia humana. Es imposible vivir sin enfrentarse alguna vez a la pérdida. Ni lo sueñes. Es absolutamente apropiado pasar por un luto cuando alguien muere, o cuando termina algún gran sueño o esperanza. También cuando sufres de mala salud o te deja alguien a quien amas. No es algo a lo que debas resistirte.

Se merece su espacio. Estas emociones deben fluir. Déjalas pasar y ellas solas encontrarán la salida. Se manifiestan, desaparecen y, entre ambos momentos… pasa la vida.

Por supuesto, sólo será así si no tratas de interrumpirlas torpemente añadiéndoles la muleta temporal de la determinación, la ira o el resentimiento. Estas «emociones de apoyo» permanecerán mucho más tiempo que la pérdida real.

Dicho esto, debes responsabilizarte (ser consciente) de cómo esta experiencia se desarrolla en tu vida a largo plazo. La mayoría de la gente es incapaz de ver las nubes de pérdida que persisten en su vida y cómo ha cambiado por sus secuelas. Estos cambios a veces son sutiles, pero sus resultados son devastadores.

La muerte de alguien, por ejemplo, es como sufrir una herida. Pero no una herida cualquiera. No es tan simple o superficial como un pinchazo, un rasguño o un corte. Es más como una herida de muerte. Como si fuera a matarte.

Es un vacío primario, una rotura catastrófica de la vida, un sentimiento en lo más profundo de la boca de tu estómago. No es un «ay», sino un gemido subterráneo, un dolor existencial que penetra hasta las raíces de tu ser. Y duele del carajo. Tus emociones se hundirán como una piedra y te preguntarás qué sentido tiene todo esto. Sufrirás, pasarás dificultades y, a veces, te sentirás asfixiado.

¿Cómo diablos se supone que debes lidiar con eso? ¿Cuál es tu plan para cuando estés trastabillando por los pasillos de tus miedos más oscuros, tratando de estabilizarte penosamente?

¿El alcohol? ¿El trabajo? ¿Las drogas? ¿Ser positivo? ¿Esperar a que pase?

Mucha gente adopta el enfoque de la filosofía positiva de «el tiempo lo cura todo» para obtener alguna clase de alivio inmediato, cosa que, inevitablemente, termina con toda una vida de ir comprobando que «todavía no lo has superado» y que, en realidad, nunca lo harás del todo. Para aquellos de ustedes que hayan escuchado alguna vez esta frase en momentos de necesidad: ¿verdad que estas insignificantes palabras no hicieron ninguna diferencia en los densos y opacos momentos de su más grande dolor?

Sin embargo, tienen *algo* de verdad. El tiempo te da una oportunidad. La oportunidad de averiguar y, llegado el momento, decidir dónde situarás esta «pérdida». ¿Te nutrirá? Quizá te paralice. La buena noticia es que eso lo decides tú.

Para mucha gente, la pérdida termina en un lugar nocivo, en algún punto de su subconsciente que provoca que ocasional, pero regularmente, vuelva a ella, quedando atrapada en un constante ciclo de lamento. Cuando tu luto toma esta forma, cuando has permitido que la pérdida se asiente en ti de forma negativa, termina unido a tu pasado de manera permanente. Así nunca serás libre. Nunca. Ni el tiempo podrá ayudarte con eso.

«Nunca lo superaré». Exacto.

Pero hay otra opción. Verás, el motivo por el que el luto es una parte tan natural de nuestras vidas es que sirve para algo. El verdadero luto por una pérdida no te limita. Y da igual si se trata de la pesada carga de la muerte, del pánico de perder un trabajo o de la desesperación que produce una oportunidad desperdiciada. Aunque duela al principio, puede terminar empoderándote y, a veces, incluso vigorizarte.

Cuando recuerdo a seres queridos que han fallecido (y no digo «que he perdido» al hablar de gente que ha muerto porque el uso constante de esta clase de lenguaje no deja más que pérdida a su paso), cuando algo que veo o escucho me recuerda a ellos y descubro su tenue recuerdo en mi memoria, me permito experimentar brevemente el luto. Emerge y permito su presencia en mi interior. No me resisto, no trato de cambiar, de ser más filosófico o, Dios no lo quiera, de colgarme una maldita sonrisa en la cara. No. Lo tolero. Está bien. Tampoco me regodeo. Sencillamente, lo dejo pasar sin ponerle trabas y, después, sigo con mi vida.

Tampoco me centro en absoluto en lo que «podría/ debería haber sido», pues eso ya no es más que una fantasía y, para ser sincero, un lugarcito seguro desde el que puedo ignorar la responsabilidad de cómo está yendo mi vida. Sencillamente, no estoy interesado en nada que separe mis manos del timón, ni por un momento, ni por diez. Dejo ir el ansia de anhelar su presencia o de maldecir al destino, a la enfermedad o a la edad. De ninguna manera me obsesiono con cuánto los quería, en pretérito imperfecto, ni me entrego a «echarlos de menos». Nada de esto hace justicia a quienes siguen siendo para mí NI a la vida que tengo ahora.

Es, en cambio, una experiencia cálida en que me siento cuidado por ellos en ese mismo momento y en que pienso en cuánto los amo ahora mismo. Es un amor que siento en presente, que sigo sintiendo, en lugar de algo que terminó repentinamente o que cambió con su muerte. Quienes son persiste en cada recuerdo. Su vida pervive en mí y sólo terminará cuando lo haga yo.

No existe la pérdida en el sentido de la palabra que di por cierto durante mucho tiempo, sino que la relación que tenía se ha transformado en la que tengo ahora.

Gracias a esto, siempre estarán vivos para mí y su recuerdo nunca me hará sentir que he perdido algo, como si una parte de mí hubiese desaparecido irremediablemente. Al contrario, mi amor por ellos me hace sentir pleno, completo. Suma a mi vida en lugar de restar.

ELIGE ESTAR EMPODERADO

Ponte en esa posición ahora mismo. Para que la pérdida de cualquier clase te sea útil, debe convertirse en algo que puedas mirar en retrospectiva para descubrir formas de empoderarte. No se trata de superar la pérdida, sino de reposicionarla, de permitir que se asiente en el telón de fondo de tu vida para, ocasionalmente, resurgir y recordarte quién eres y quién has sido.

Cuando recuerdo la muerte de mi padre, ya no siento ninguna desesperación. Aunque, por supuesto, no siempre fue así. Hubo una época en que me asfixiaba en el denso humo negro de la conmoción y el luto, en que sentía que el oleaje de mis emociones ya no me permitía respirar, en que, por primera vez, empecé a enfrentarme a la vida sin tener ya físicamente conmigo a alguien tan cercano. Había un vacío donde solía estar él y experimenté una profunda desesperación y la necesidad de llenar aquel vacío con algo. Cualquier cosa. Tras un *whisky* a palo seco bien cargado (y ni siquiera me gusta el *whisky*; lo sé, es un sacrilegio), hice la clase de reflexión que estás leyendo aquí.

Leí, hablé con quienquiera que estuviera dispuesto a escucharme, trabajé y medité hasta que... clic. Terminé por adueñarme de mi experiencia. Era mía, así que también era mi responsabilidad. Sané.

La mayoría de las personas no tienen la más remota idea del trabajo que deben hacer, así que no les queda más remedio que dejar abierto el agujero desnudo ante el universo, algo demasiado inquietante. Hay quien termina fatalmente marcado, endurecido o emocionalmente lastrado por la experiencia. Las dos posibilidades son opciones, no obra del destino.

Todo lo que acabo de decir no es algo que ya supiera, ni alguna clase de rasgo genético que posea. Tuve que aprender en el caos de la situación a través de mi voluntad de leer, escuchar, pensar y aplicar nuevos conocimientos. Provoqué, literalmente, mis propias revelaciones. Y tú también puedes hacerlo.

Permíteme ser claro con una cosa: sea por seis meses, un año o dos, siempre debes darte el espacio necesario para pasar enteramente el luto, aunque éste tiene una «fecha de caducidad». Nadie tiene derecho a decirte cuándo ha llegado esa fecha. Es algo que sólo tú puedes decidir, y dependerá de tu temperamento, de tu relación con la persona/situación, de tu filosofía de vida y de otros factores únicos en ti. Pero llegará un momento en que el luto dejará de serte útil, en que ya no tendrá un verdadero propósito, en que te estará lastrando a ti y a tu vida o lo estarás utilizando como arma para justificar tu existencia presente.

Debes cuidarte del taimado bastardo que puede ser la autocomplacencia.

A menudo es posible identificar la fecha de caducidad de tu pérdida en función de la cantidad de veces que la utilizas para explicarte o justificarte. Cuando se convierte en tu comodín ante tus amigos, la presión de tu trabajo, tu familia o la vida misma. Porque lo sabes bien: nunca se enfrentarán a esa carta cuando decidas utilizarla. No pienses por un momento que la gente se negará a jugar a tu juego, porque jugará. Tu trabajo es asegurarte de no ser ese tipo.

Así que, cuando llegue el momento en que «ya basta», debes estar preparado para trabajar en centrarte, en resituar tu luto en un lugar donde te fortalezca en lugar de debilitarte.

No será fácil. Puede ser muy duro lidiar con la pérdida. Hay personas cuyas vidas nunca vuelven a ser las mismas tras sufrirla, que cambian para siempre. Son vidas de decepción y de lo que pudo haber sido.

No tiene por qué pasarte a ti.

Siempre puedes decidir enfrentarte a la pérdida de forma que te empodere en lugar de asfixiarte.

6

La sabiduría
de la pérdida

«*Lo único que no puedes superar es a lo que te estás aferrando*».

¡Ay! ¿Verdad? Es fácil que la gente reaccione a esta cita con una fuerte dosis de indignación. Y lo entiendo.

¿Por qué ocurre esto? Bien, por dos cosas. La primera es que el tema mismo de la pérdida a menudo está socialmente censurado a no ser que se enfoque con el extremo cuidado con el que manipularías el núcleo de un reactor nuclear. Es una zona prohibida para muchas personas. La clase de lugar seguro al que pueden retirarse sin que nadie pueda seguirlos. A menudo la gente cae en la trampa de hacer lo mismo en lo que respecta a sus cuerpos o a su salud. Así que puede convertirse con demasiada facilidad en una vía de escape para la presión de la vida. Porque, a ver, no vas a molestar a alguien cuando dice: «Estoy enfermo/deprimido/de luto, ¡quítate de mi vista!», ¿verdad? No, nadie lo hace.

La segunda es que la mayoría de las personas tienen poca, o ninguna, idea de estar aferrándose a cosas de su pasado. Desde su punto de vista, parece que hay algo agarrándose *a ellas*.

En mi vida he pasado por muchas pérdidas. Y he sido *coach* de mucha gente que también las ha pasado.

Cuando te retuerces en la agonía de la pérdida, cuando estás atrapado en ese intenso sentimiento de vacío, sientes que no puedes intervenir, que estás a su merced y que no podrás afectar su evolución.

Y es una condenada molestia cuando la gente te dice que «te animes» o que «lo dejes ir», porque parece imposible, ¡¿verdad?! Porque, a ver, ¡nadie se haría algo así a sí mismo!

Probablemente.

De nuevo, lo entiendo. Si en este punto sientes que estás empezando a enfadarte o a ponerte a la defensiva, contrólate y reflexiona conmigo un momento. Aquí hay algo para ti.

Por supuesto, esto también incluye a aquellos que ya han visto que las secuelas de su pérdida se están alargando un poco (o mucho), que siguen siendo demasiado intensas o que tienen un papel más importante en su vida del que creen que deberían tener a estas alturas.

Pregúntate lo siguiente:

«¿Qué clase de vida tendré si continúa este sentimiento de pérdida?».

«¿Qué puedo justificar con esta pérdida?».

«Si ya no pudiera hablar de esta pérdida, ¿qué tendría que enfrentar en mi vida?».

Entre tus respuestas a esas preguntas se encuentra a lo que te estás aferrando. También incluirán lo que estás evitando y justificando. Entiendo que enfrentarte a esto puede resultar algo incómodo. Todo irá bien, puedes con esto. Puedes darle la vuelta a tu situación para salir rugiendo al otro lado, listo para retomar el control de tu vida.

Muchos de nosotros achacamos a la pérdida las cosas en la vida que no estamos haciendo. Caemos en el engaño de: «No estoy haciendo X, Y o Z porque estoy lidiando con A». Establecemos estas conexiones inconscientes como vía de escape para no tener que convivir con lo que creemos que será la vida tras la pérdida. Decimos: «Estoy bebiendo demasiado... pero no logro superar ___». O: «Estoy engordando… pero es por culpa del divorcio». O: «Mi relación tiene un problema… pero es porque murió mi madre».

Pero estas cosas no están conectadas. Tú las conectaste.

Sí, una pérdida importante puede exponer a alguien a la idea de que la bebida es una solución. O la comida. O distanciarse de la gente en su vida y cerrarse. Pero una cosa no «causa» la otra. Cuando empiezas a insistir en la idea de que estos fenómenos tienen una causa, te descartas completamente como solución. Es como si levantaras tus indefensas manos para desentenderte y no hubiese un alma en el mundo que pudiera decirte nada porque no es culpa tuya. El problema es que esto no se trata de culpa o culpables. A nadie le importa. Ahora es irrelevante.

Esto se trata de saber qué viene después. De la vida tras la pérdida. Y nunca es tan terrible como imaginas. Da igual cuán doloroso sea, cuán debilitante te parezca.

Puedes seguir con tu vida durante el luto. Puedes seguir yendo a trabajar, al gimnasio, pasar tiempo con tu familia. La pérdida no tiene por qué consumirte. No tiene que arrastrarte, lastrarte o poner tu vida en una trayectoria de la que nunca te recuperarás. Por supuesto que necesitas espacio, por supuesto que necesitas compasión y comprensión, pero también necesitas un futuro, una vida donde hayas aprendido a convivir con esa pérdida para poder explorarla a nuevos niveles.

«Hoy también es uno de esos días que nunca recuperarás».

A menudo vemos cómo la gente o las situaciones se escapan de nuestras vidas y el oscuro sentimiento de arrepentimiento, de «podría», «debería», «habría» se vuelve más pesado y constrictivo.

Experimentamos la pérdida, sentimos la ausencia y, sin embargo, seguimos viviendo como vivíamos antes. En realidad, nada cambia. Sólo estamos más tristes, desanimados o perdidos. A veces, se instalan en nosotros la ira o el resentimiento.

Por supuesto, esto no es así para todo el mundo. Para algunos, la experiencia de la pérdida es como una epifanía. De golpe, lo ven: «¿Qué diablos estoy haciendo?» y dan la vuelta a su vida. Cambian de trabajo, toman el control de su salud o, sencillamente, deciden convertirse en una persona casi completamente distinta.

Y hay formas en que cualquiera de nosotros puede reenfocar el luto para que cumpla esa función, para que sea más que un puñado de lágrimas y arrepentimientos y se manifieste en acciones y pensamientos positivos reales.

En mi opinión, no hay mejor forma de hacerlo que enfrentarte a tu propia muerte. Usa la inevitabilidad de tu muerte para ayudarte asumir tu propia mortalidad.

Lo creas o no, algún día morirás. Quizá sea mañana. Quizá sea dentro de cincuenta años. Nunca estarás tan motivado como cuando de verdad logres entender este concepto. Y raramente tenemos tan presente nuestra propia muerte como cuando fallece alguien cercano a nosotros.

Asir la situación de la muerte de un ser querido, o incluso de un conocido, para transformarla en algo inspirador es un acto de magia y poder. Y esto no es más que un ejemplo.

Tras la muerte de mi padre, mi pensamiento de referencia era: *¿Cómo se sentiría **él** sobre cómo estoy viviendo mi vida?*

Aquello fue una verdadera bofetada, una llamada de atención, mi momento de: «¿Qué diablos estoy haciendo?». Cambió la trayectoria de mi vida.

Porque el cambio empieza en un único momento. Y puede ser hoy. Puedes dar pie a ese momento ahora mismo.

A menudo pensamos en el cambio como en algo que ocurre con el tiempo. Y eso tiene una parte de verdad. Pero lo que en realidad estamos viendo en esas situaciones es una serie de cambios. Muchas pequeñas modificaciones empiezan con un sólo momento crucial.

Éste podría ser ese momento. Éste podría ser tu día. Y la muerte que has vivido, el luto por el que estás pasando, podrían ser la chispa que encienda el fuego que te impulsará hacia adelante. Es sólo cuestión de cambiar la perspectiva con que lo miras.

¿Cómo sería ese cambio?

«*No pasa nada por que estés abrumado. Es apropiado, pero no permanente*».

Muchos de nosotros nos sentimos total y completamente abrumados ante la pérdida.

La vida es demasiado: demasiado dura, demasiado complicada. No puedes enfrentarte a tus problemas; diablos, ¡apenas puedes siquiera enfrentarte a levantarte de la cama! Ninguna motivación o estimulación parece poder atravesar este letargo, el ruido, la indefensión.

Ahora bien, hay momentos en que estar abrumado puede ser una señal de que estás al borde de una vida más grande y que te encuentras en un punto en el que no eres capaz de lidiar con esa expansión. En esos casos, no puedes seguir haciendo las cosas como solías hacerlas. Quizá necesites externalizar algunos de tus compromisos o reevaluar cómo enfocas tu vida. Una cosa está clara: no puedes pretender ser tú Y expandirte.

En cualquier caso, en lo que respecta a la pérdida, estar abrumado puede sacarte el suelo de debajo de tus pies. Aparentemente, estás abrumado de una forma completamente distinta y, por lo tanto, es necesaria una estrategia diferente y específica, ¿no?

No. No del todo.

El mayor motivo por el que las personas sufren por estar abrumadas es que, en cierto sentido, creen que no deberían sentirse así. Que, de alguna forma, deberían ser distintas. Es que, vamos a ver, ¡es una sensación horrorosa y tiene que desaparecer! Quizá algo de meditación, de descanso u ordenar la casa bastará, ¿verdad? Quizá.

A la postre, la gente sufre más con la sensación de estar abrumada que con las cosas que la hicieron sentir así. Vuelve a leer esto último.

Es un poco como estar deprimido por estar deprimido.

Por supuesto, la mayoría de las personas no hace lo mismo con la felicidad. No claman a los cielos gritando: «¿Por qué a mí? ¿Por qué soy tan feliz?» cuando todo va de maravilla en sus vidas. Pero, en cuanto las cosas empiezan a torcerse, se agitan, se quejan, se resisten en silencio contra lo que ya es, aunque eso no vaya a marcar ninguna diferencia en lo que esté ocurriendo.

En algunos casos, esto no hace más que empeorar una situación que ya era desagradable.

Verás, en ciertas épocas de tu vida, especialmente cuando estás experimentando la pérdida de una persona o de un sueño, no sólo es de esperar sentirte abrumado, sino que es perfectamente apropiado. Se supone que debes sentirte así cuando llegas a tu límite. Por supuesto, retrocederás con la pesada sensación de sentirte inútil, perdido o lo que sea que te sientas. Y no pasa nada.

Si tenemos esto en cuenta, la respuesta a estar abrumado no es pelear o luchar o contra ello. Deja ir tu necesidad internalizada de sufrir o, en el otro extremo del espectro, de esconderte. La clave aquí está en aceptar el punto en que estás ahora. La respuesta es darte cuenta de que no pasa nada por sentirte abrumado. La sensación vendrá y se irá y, claro, te estresarás, te pondrás un poco nervioso, quizá incluso termines un poco chingado, pero sobrevivirás. Preocúpate por tu bienestar, haz lo que tengas que hacer para cuidarte y alimentarte, pero también está bien que te fuerces un poco por seguir adelante.

Y esto no durará para siempre. Tiene un límite de tiempo. Al final, lograrás superar el problema con el que estés lidiando o te acostumbrarás tanto a lidiar con él que dejará de ser un esfuerzo.

Este capítulo puede haber sido duro para ti. Recuerda lo que he dicho antes: respira, sal a dar un paseo, haz algo para conectarte con tu presente y recordarte por qué estás aquí, por qué haces esto. Descubrir qué es verdaderamente cierto de cómo transitamos estas situaciones difíciles de pérdida puede empoderarnos, ¿recuerdas? No es ninguna tontería. De hecho, es importantísimo.

7

Miedo

*Temer es estar
vivo. Depende de ti
entenderlo y superarlo.*

¡**B**u! ¿Te asusté?

Si le preguntas a cualquiera por qué se siente bloqueado o atrapado, por qué no trata de alcanzar la grandeza o liberarse de una vida en ruinas, e insistes un poco, al principio todos justificarán con la misma aburrida respuesta su existencia de gris predictibilidad.

Miedo.

Todos dirán que le tienen miedo al fracaso, a ser juzgados, al rechazo o a lo que sea. Pero ¿es eso verdad? ¿Eso es todo? ¿Es sólo que están cagados de miedo? En cierto sentido, todo el mundo, tú incluido, ha construido una vida que gira más alrededor de sus miedos que de su potencial, de lo que parece seguro sobre la magia de lo que es posible.

No pides un aumento porque temes que no te lo den. No pides una cita a la persona que te gusta porque temes que te diga que no. No empiezas un negocio, escribes un libro, te apuntas a la universidad o vas al gimnasio porque... ¿para qué? ¿No? Porque, a ver, volverás a fracasar, ¿verdad?

Y, cuando lo hagas... ¿qué dirá la gente?

Porque el árido y desierto valle en el que te encuentras cuando fracasas es tan horrible, tan deprimente, te expone tan dolorosamente, está tan vacío del manto de seguridad bajo el que sueles operar, que no es de extrañar que tengas alguna duda sobre volver a exponer a tu yo más sensible a ese horror. Cuando fracasas, siempre sientes cómo se aprieta un botón conocido y, a veces, incapacitante. Uno que confirma algo que siempre supiste, pero con lo que preferirías no tener que lidiar.

Y, cuando vuelves a considerarlo... te enfrentas a la ilusión de que el mundo entero se dé cuenta de tu engaño, del juego al que has estado jugando para esconder la oscura y profunda verdad de no ser lo suficientemente bueno, o de ser odioso, tonto o... ya me entiendes. Tu vida siempre es una manifestación en tiempo real de lo que tratas de esconder penosamente tras la máscara.

Así que nos detenemos ante el miedo. Nos rendimos a una exigua explicación. Por eso, el miedo es la palabra utilizada más habitualmente para explicar o justificar una vida. Incluso en los talleres de los que he sido facilitador, la identificación del grupo con el miedo es tangible y a menudo defendida. La gente apoya los miedos ajenos y exige tener derecho a vivir con miedo sin necesidad de examinar el precio de hacer algo semejante.

Pero, en realidad, es un miedo inapropiado. En realidad, no hay nada que temer. Bueno, no mucho. Digámoslo así.

Claro, hay cosas a las que puedes temer de manera legítima. Si estás nadando en el mar, disfrutando de la tranquila satisfacción y dicha de la naturaleza, y empiezas a escuchar las crecientes notas sordas de la banda sonora de *Tiburón*, acompañadas por una suave agitación de las aguas tras de ti, entonces sí, creo que la mayoría de la gente consideraría apropiado tener miedo. Sin embargo, asegúrate de mirar antes de empezar a gritar, porque lo más probable es que sea un violoncelista de vacaciones chapoteando a tu lado.

Los tiburones no saben tocar instrumentos de cuerda.

En resumen, si tu existencia está verdaderamente en riesgo, claro, es natural asustarte. Incluso apropiado. En esos casos, siempre, en cada ocasión, honra tu seguridad.

Pero eso no es con lo que estamos lidiando aquí, ¿verdad?

En este caso, no tememos porque algo esté poniendo en peligro nuestras vidas. Sólo estamos usando el «miedo» como una curita para tapar todo aquello a lo que no queremos enfrentarnos. Es una explicación que nos permite retrasar la tarea indefinidamente.

Pero quiero que te arranques esa curita. Húndete un poco en ese miedo para descubrir qué oculta en realidad.

«Ah, Gary, ya sé lo que es. ¡Es miedo al fracaso!».

Hoy en día ésa es la respuesta más popular en redes sociales, ¿no? Habrá, como mínimo, mil millones de publicaciones en Instagram que equiparan nuestro miedo a la acción con el miedo al fracaso, siempre completadas con una cita repetida hasta la saciedad de una historia de éxito que nos explica por qué ellos nunca le han temido al fracaso.

Y, oye, no digo que haya algo especialmente malo en esto. Pero lo que sí digo es que no profundiza lo suficiente.

Mira, tu problema no es el miedo al fracaso en sí mismo, sino el miedo a que te vean fracasar. En otras palabras, si nadie fuera a saber nunca que fracasaste, si nadie fuera a ver, oír o ser testigo de tu caída en desgracia, no te importaría tanto, si acaso algo. Ten en cuenta que esta ecuación también te incluye a ti. Incluso si estás solo, tu aversión al fracaso existe porque «tú» sabrás que fracasaste.

Por eso, los niños pueden implicarse en toda clase de cosas raras sin ninguna preocupación. Aquellos de ustedes que hayan sido testigos de los primeros pasos de sus hijos en el mundo de «vestirse» por sí mismos podrán dar fe de su descarada indiferencia respecto a cómo son percibidos por los demás. Porque no sólo les da igual lo que piensen otras personas, sino que sólo tratan de impresionarse a sí mismos.

¿Qué piensas de ellos? ¡Já! ¿A quién le importa?

Así que no es el miedo al fracaso lo que te retiene, sino más bien el deseo de no ser juzgado, ni por ti mismo, ni por los demás. Eso es lo que te hace regurgitar esas excusas y explicaciones prefabricadas que, aparentemente, se entrometen en tu camino.

Pero no es la explicación lo que te retiene. Es lo que se oculta tras ese pretexto tuyo y tras tu constante preocupación por cómo te ven, o más bien por cómo aparentas ser.

Por eso has ideado una narrativa tan convincente. Tiene que ser tan absoluta, tan imposible, tan real y dura, que los demás se la traguen sin reparos. Y éste es el comercio no escrito que tenemos entre nosotros. Dame la razón con mis historias y yo haré lo mismo con las tuyas. Entonces podremos ser grandes amigos y ponerle juntos excusas a la vida.

Entonces, tu historia se convierte en la realidad y tu excusa de vida empieza a ser una carga. Y lees libros y aceptas consejos y te deprimes y tratas de cambiar para, algún día, tener un golpe de suerte o tropezarte con los misterios del universo o con lo que sea que vaya a salvarte. Así es, empiezas a tratar de hacer menos horrible tu excusa de vida. Ése es tu límite: hacer del sufrimiento algo soportable.

¿Cómo rompes con el ciclo de lo sufrible? Empieza prestando atención a tu experiencia interna del miedo, no a lo que estás haciendo. ¿Cómo se siente estar asustado? Analiza los pensamientos, sentimientos y emociones específicos y conocidos que acompañan a tu miedo. ¿Empiezas a sudar? ¿Se te acelera el pulso?

En cuanto reconozcas cómo se manifiesta, podrás empezar a poner las cosas en perspectiva. Podrás aprender a vivir con miedo sin utilizarlo como excusa. No se trata de no tener miedo, sino de darte cuenta de que el miedo no es un problema. De aceptarlo. No se trata de evitar ser juzgado por los demás, sino de darte cuenta de que la gente te juzgará y de que es mejor ser juzgado por quien eres que por quien finges ser, por ese tú diseñado para mantenerte encerrado en tu previsible y segura cajita.

Sí, te juzgan. ¿Y qué? ¡Llevas juzgándome (o a lo que he escrito) desde que empezaste a leer este libro! Supéralo. Lo estás haciendo bien. Da un paso al frente.

Como dijo Kierkegaard: «Aventurarse causa ansiedad, pero no aventurarse es perderse a uno mismo. Y aventurarse en el más alto sentido es tener conciencia de uno mismo».

En otras palabras, aventurarse, entrar en acción, te producirá cierto nivel de miedo, probablemente incluso de ansiedad y, cuanto más lejos vayas, más cohibido estarás y más miedo sentirás. Pero eso no pone en peligro tu vida. Y es de esperar que ese miedo esté ahí. Temer es estar vivo.

Depende de ti entenderlo y superarlo.

Seamos sinceros. La mayoría de las personas en la actualidad viven bastante seguras. Trabajan en edificios con aire acondicionado, manejan un carro con todos los sistemas y medidas de seguridad y compran alimentos comestibles con un carrito de la compra y una tarjeta de crédito, en lugar de correr por los bosques con una lanza ensangrentada o de enfrentarse a las inclemencias del tiempo con un arado. En resumen, la mayoría de tus miedos son tonterías. No te impiden hacer nada. Son más bien la representación de la ansiedad que te provoca tu inseguridad, no el temor legítimo a algo que pone en peligro tu vida.

Todos tememos. Pero no es una excusa para no entrar en acción.

8

La sabiduría
del miedo

FUNDAMENTO NÚMERO 1:

«*Tu miedo es irrelevante*».

No hay miedo en el universo. No existe.

Es tan real como el aburrimiento o la fuerza de voluntad. Y no, sólo porque algo te parezca real no significa que lo sea fuera de los confines de tu pequeño mundo.

Quizá seas una de esas personas que lleva bloqueada meses, o incluso años, por culpa del miedo. Has renunciado a tu vitalidad y potencial por aliviarte de tus manos sudorosas, pensamientos invasivos, pulso elevado y del profundo menoscabo de tu poder personal. Pero tu miedo también es irrelevante.

El miedo no es más que la experiencia pasajera de un ser humano cuando se enfrenta a cualquier mierda aleatoria y caótica que se interpone en el camino de su vida y que exagera hasta hacerla más importante de lo que verdaderamente es.

Tu miedo es irrelevante: no tiene ningún significado o importancia inherentes. Es un vaso vacío que llenarás con una carga explosiva e inestable que, llegado el momento, te hará descarrilar.

El miedo se ha convertido en una enorme broma cósmica que, tiempo atrás en nuestra historia evolutiva, era tremendamente seria y estaba diseñada para ayudarnos a sobrevivir en un planeta salvaje y peligroso. Sólo que ahora tú tratas de sobrevivir a una reunión, a una entrevista, a una cita, a un cambio de carrera o a decir algo que hace tiempo que quieres sacarte de dentro pero que, por algún motivo, no logras pronunciar.

Y puede terminar siendo tan terriblemente inapropiado que, literalmente, paralice tu vida.

Es ese agarre de tripas retorcidas, rodillas temblorosas, pensamientos atropellados y manos sudorosas que nos hace sentir amenazados y nos toma a todos por sorpresa. Y a muchos de nosotros nos pasa mucho más a menudo de lo que quisiéramos. Pero sólo porque la experiencia sea real no significa lo que crees que significa.

Piénsalo. ¿Le da el mismo miedo a todo el mundo invitar a alguien a una cita? ¿Y pedir un aumento? ¿Ir al gimnasio? ¿Decirle a alguien cómo se siente? ¿Hola? ¿Hablar en público?

Nada de esto puede hacernos daño. Por eso mucha gente puede hacer cualquiera de esas cosas con poco más esfuerzo que una inspiración profunda y un «allá vamos». Pero entonces, ¿por qué hay otros que se quedan completamente congelados?

Porque no te controla el miedo a algo, sino tu relación oculta con esa cosa. Por ejemplo, no te da miedo hablar en público (y aquí puedes insertar cualquier cosa en tu vida a la que le temas), sino el significado que le has dado a hablar en público. Y ese significado te está oculto.

Eres el arquitecto de tu miedo. Sale de ti. Y esa insistencia ciega tuya de que, por algún motivo, no deberías tener miedo no hace más que reforzarlo.

En algún rincón de tu mente, en algún momento de tu vida, en el fugaz trasfondo de tus pensamientos, se generó esta pregunta: «¿Qué significa esto para mí?». Y urdiste una respuesta que se correspondiera con tus circunstancias, con quien eras entonces. En ese momento, inventaste una historia sobre ti mismo que, de ser pronunciada ante un grupo de personas, quedaría dolorosamente en evidencia. ¿Es de extrañar que estés paralizado, balbuceando y buscando entre tus tarjetas de notas, tratando de esconder tu drama interior de los curiosos? Éste es el problema de esta clase de historias: para ti no son historias. En tu mente, tu historia es completamente real.

Pero el miedo nos atrapa de muchas formas.

Hay quien ama a los perros. Al fin y al cabo, son «el mejor amigo del hombre», ¿no? Sin embargo, otros reculan incluso ante el más amigable de los *golden retrievers*, y todo porque un perro del vecindario los sorprendió o intimidó cuando eran niños y ahora… esa historia se ha convertido en todo un drama en tres actos que ocupa el horario de máxima audiencia de su vida.

En resumen, el miedo no tiene nada que ver contigo, sino con el peso o la importancia que le has otorgado a lo que temes y que se ha sumado a la cosa en sí. De hecho, el miedo ni siquiera existe en el mundo. No es tangible. No puedes alargar la mano y tocarlo. No puedes agarrarlo o sostenerlo.

Pero lo sentimos. Lo sentimos en profundidad y lo experimentamos visceralmente. Nos atrapa.

Y, sin embargo, todo el miedo en tu vida lo has creado tú. Siendo así, no es algo contra lo que debas luchar. Es algo con lo que debes coexistir, junto a lo que debes vivir tu vida sin tratar de resistirte a él a cada paso.

Es una experiencia humana.

Si el miedo fuese algo fijo, inmutable o inamovible, entonces todo el que se subiera a una montaña rusa sentiría exactamente lo mismo. Pero no es así. Una persona pensará que fue un error dejar que sus amigos la convencieran para subir mientras se agarra con todas sus fuerzas a las barandas de seguridad y otra la estará pasando de maravilla y tendrá una enorme sonrisa pegada a la cara.

Y ocurre lo mismo con cualquier clase de miedo. Es subjetivo. Distintas personas lo sienten de distintas formas respecto a distintas cosas.

Quizá le temas a hablar en público y tu compañero de trabajo lo disfrute. Quizá el gimnasio o los deportes de competición te den la vida y a tu mejor amigo le tiemblen las piernas sólo de pensar en ellos.

¿Por qué? Porque no le temes a lo que estás haciendo, sino a otra cosa. Es a la importancia, al peso o, como diría Sartre, al significado que le has otorgado a la acción o al evento.

Reflexiona sobre esto. Sobre todas las formas en que has hinchado ciertas cosas en tu vida mucho más allá de su tamaño, especialmente cuando te ha poseído esa sensación exagerada de miedo que aparece de tanto en tanto. Puedes escoger entre dejar que ese miedo te controle y declararte lo suficientemente poderoso para hacer que te acompañe. El miedo puede ser el acompañante o el piloto. La decisión es tuya.

«La línea que separa la autocompasión de la lástima por uno mismo puede desaparecer sin previo aviso».

Todos quedamos atrapados por el miedo en algún momento.

Y ese miedo no tiene por qué ser un terror que te dé escalofríos y que haga que te mees los pantalones. Para algunos, el miedo llega en forma de ansiedad o preocupación. Nos sentimos ansiosos cuando lidiamos con algo que nos viene grande, que desconocemos o cuyo riesgo es demasiado elevado.

El miedo mezclado con el diálogo interior del *no puedo* a menudo resulta en una retirada y en la lógica de la seguridad.

Como prescripción potencial para lidiar con estas situaciones, hay mucha mala sabiduría que te sugiere que «te des un descanso» o que «no seas tan duro contigo mismo». En otras palabras, te dice que el remedio es retirarte, dar un paso atrás, dejar de presionarte.

Y, a veces, esto puede ser muy valioso. No puedo enfatizar esto lo suficiente, pues a veces realmente somos demasiado duros con nosotros mismos y, otras, de verdad necesitamos darnos un descanso. Sin embargo, la experiencia me dice que la clase de persona que hace eso es una minoría y que la mayoría *cree* que es demasiado dura consigo misma cuando, en realidad, no lo es en absoluto. La más mínima punzada de dolor, incomodidad o impaciencia y **bum**… se da por vencida.

Al mismo tiempo, tienes que andarte con cuidado. Debes asegurarte de no retroceder hasta paralizarte, de no «tomártelo con tanta calma» que dejes de avanzar, de no rendirte a algo en tu inconsciente en lugar de empujar hacia nuevas ideas o formas de autoexpresión. Al encontrarse ante la idea de un cambio significativo en sus vidas, la mayoría de las personas deberán enfrentarse a algo que ni habían planeado ni deseaban. La libertad está al otro lado.

Como la mayoría de las cosas en la vida, entiendo el miedo como un espectro. Y la compasión por uno mismo también es parte de una escala.

Si no la vigilas, esta compasión por ti mismo puede quedar atrapada por el miedo y, sin que te des cuenta, cruzar la línea que la convertirá en lástima por ti mismo. Pasarás de darte un descanso a darte una excusa, de tratar de animarte a vivir negando completamente a lo que te estás enfrentando.

Es la diferencia entre *no creo ser capaz de hacer esto*, en referencia a una tarea o situación específicas, y *no puedo hacer nada*, implicando que eres inútil o que el mundo está en tu contra.

Una forma sencilla de saber si has empezado a entrar en esta última categoría es llevar la cuenta de con cuánta frecuencia te «das un descanso». Si se convierte en algo constante, si te das ese «descanso» un día tras otro, o una semana tras otra, probablemente estés —o estés en peligro de quedar—atrapado en el territorio de la parálisis de la lástima por ti mismo.

La gente que termina en este territorio no se da cuenta. No se ve como una víctima, pero lo es, sin importar cuán luchadora aparente ser o cuánto parezca tenerlo todo bajo control.

Y crees que otras personas lo hacen, pero que tú no.

Si te estoy describiendo, o si quieres evitar convertirte en eso, entonces, en lugar de dar siempre un paso atrás, quizá necesites dar un paso adelante. A veces, lo que necesitamos no es tomárnoslo con calma, sino enfrentarnos a la adversidad, salir al ruedo y ver de qué estamos hechos.

Si no, corres el riesgo de quedar atrapado en este ciclo, de ser el anfitrión de una fiesta de la autocompasión de la que eres el único invitado. Y la peor clase de víctima es aquella que no sabe que lo es.

«*El miedo es humano y evitarlo es negar tu propia humanidad*».

El miedo tiene una cierta naturaleza dual. Por un lado, hacemos todo lo que podemos por evitarlo. Y, sin embargo, al mismo tiempo nos sentimos inexplicablemente atraídos por él.

Piensa en una montaña rusa. Muchos de nosotros estamos dispuestos a ahorrar durante meses, soportar un viaje por carretera a través de todo el país en un carro lleno de familiares malhumorados y pararnos en una cola durante media hora sólo para morirnos de miedo en la montaña rusa más grande y extrema que hemos logrado encontrar. Porque, a ver, da miedo, pero es segura... ¿no?

A veces hacemos todo lo que podemos para evitar el miedo, pero, inmediatamente después, hacemos todo cuanto podemos para experimentarlo, siempre y cuando sea en un entorno sobre el que tenemos cierta sensación de control. ¿Serían tan populares, si no, las películas de terror?

Por supuesto, no a todo el mundo le gustan las montañas rusas. O las películas de terror. Y no a todo el mundo le atrae el miedo. Algunos lo evitamos a toda costa. Nos pasamos todo el día en la casa, en nuestra pieza o en nuestro comedor, tratando de mantenernos alejados incluso de la posibilidad potencial del miedo.

Porque, en cierta forma, creemos que el miedo es algo que debe ser evitado. Que no deberíamos visitar demasiado a menudo. Que es demasiado incierto y perturbador.

Así que hacemos cosas para lidiar con él, para ayudarnos a superarlo o a ignorarlo. Esto puede ser tragarte un puñado de pastillas para silenciar temporalmente tu experiencia o meditar, beber, fumar marihuana o cualquier otra cosa que aligere tu sensación de miedo, que calme los escalofríos cuando te sientes ansioso en situaciones sociales o cuando te aquejan las preocupaciones por las facturas de este mes. O, de nuevo, te limitas a evitarlo. Te alejas de cualquier cosa que invada tu burbujita de seguridad.

Si sientes ansiedad social, por ejemplo, quizá evites las fiestas, las aglomeraciones o las relaciones románticas sencillamente por la posibilidad de terminar pasando por un momento embarazoso o incómodo. Algo que no crees poder soportar.

El miedo también puede estar ligado a actividades académicas o intelectuales. Evitas escribir ese ensayo, leer aquel libro o apuntarte a ese curso, porque los temes. O retrasas empezar tu negocio, pedir un aumento o presionar para una venta… de nuevo, aparentemente, porque te da miedo.

Pero ten en cuenta esto: el miedo no tiene nada que ver contigo. No es un defecto o una debilidad que sólo tú tengas. De hecho, es tan natural como que te crezca el pelo. Es una parte esencial e inevitable de tu humanidad.

Y tendrás que alcanzar las cosas en la vida que de verdad quieres, las metas que te has marcado, los sueños que has planeado, junto al miedo.

Presta atención a las palabras «junto al». No eres una persona miedosa. De nuevo, no tiene nada que ver contigo. Pero el miedo está ahí y tú operas junto a él, independiente, atento y totalmente responsable de las formas en que te desentiendas cuando éste aparezca. Cuando sales victorioso ante el miedo, te conviertes en alguien que puede actuar en su presencia y controlas por completo tu experiencia. Tener miedo no es el problema, el problema es cuando el miedo te tiene a ti.

Deja de tratar de hacerlo desaparecer y, en su lugar, acéptalo como tuyo y sal ahí afuera de todos modos. La vida te está esperando.

9

Éxito

*Quien **eres** es exitoso. Aquello que persigues, tú ya lo eres. Aquí y ahora. No se trata de convertirte en nada, sino de usar este momento en el tiempo para expresar lo que ya eres.*

Estoy harto del éxito. No, en serio.

Al menos de cómo lo representan hoy en día
la mayoría de las sociedades modernas. Es una
completa estafa que nos hemos tragado todos de
una forma u otra sin darnos cuenta. No es que esté
harto de ser exitoso. Estoy harto de que a la gente le
muestren un camino engañoso hacia la felicidad sólo
para terminar estafándola una y otra vez.

El éxito y la felicidad son dos fenómenos distintos que
nunca deberían ser confundidos. Hazlo a tu cuenta y
riesgo.

Por un lado, todo el mundo busca paz mental, plenitud
y la interminable ensoñación de ser consciente de la
magia de la vida, pero, al mismo tiempo, está atrapado
en una carrera sin sentido hacia un lejano día futuro
en que todo deberá encajar milagrosamente. Así que
la gente renuncia a la paz mental, a la plenitud y a
vivir en el presente y lo sustituye con preocupaciones,
ansiedad, agobio y la euforia temporal de «lograrlo»
algún día. ¿Qué es esta locura?

El éxito es el muy manido y aburrido tema de miles
de libros, seminarios, filosofías, planes y estrategias.

Parece que todos estamos persiguiendo el estúpido éxito de una forma u otra. Incluso aquellos que afirman no hacerlo, no estar en esa carrera de locos, van detrás de su propia versión del éxito, sólo que no de una forma que les sea fácil de identificar. A menudo toma la forma de una insignificante rebelión contra la sociedad, o contra sus padres, o contra «los de arriba», sean quienes sean.

El deseo de menos puede consumirte tanto como el deseo de más.

Pero ¿qué es en realidad el éxito? Y, más importante aún: ¿qué es para ti? ¿Cómo sabrás cuando hayas alcanzado el éxito? ¿Más dinero? ¿Menos estrés? ¿Viajes?

Claro, tú y yo podemos tener visiones o definiciones muy distintas del éxito, pero, al final, éste requiere de un cierto nivel de consenso, de conexión con la gente y el mundo a nuestro alrededor.

En resumen, estamos de acuerdo, a grandes rasgos, en lo que es y no es el éxito en esta sociedad. Incluso si sólo un centenar de personas coinciden con tu versión personal del éxito, eso sigue siendo un consenso. Pero el consenso y la realidad no son lo mismo. Desperdicias gran parte de tu vida sirviendo ciegamente a cualquier versión consensuada de la realidad a la que te hayas afiliado.

Todos tratan de llegar al objetivo «allí» con la arrogancia y la ignorancia de quien no sabe que no hay «allí». Es una ilusión. Un engaño. Sólo existe el «aquí». Sólo hay un momento: este momento. No hay pasado, no hay futuro, sólo esto. Y, si no eres capaz de despertarte a esto, estarás siempre dormido. Eres un maldito robot.

Tu vida es una serie de «ahoras» y después te mueres. No hay más. Todo lo demás no son más que patrones cerebrales y viejas emociones y comportamientos. Si no eres capaz de ser feliz/estar satisfecho/sentirte pleno ahora, entonces, ¿cuándo? ¿Más tarde? POR EL AMOR DE DIOS, ¿me estás escuchando? Pon los ojos y los oídos en tu realidad real-real-real, la que tienes ahora delante de tus narices.

Tal como me gusta decir: siempre estás «aquí», pero ¿estás realmente aquí para lo que está aquí?

¿Estás aquí para amar, perdonar, correr riesgos, ser, hacer y expresar lo que es posible? ¿Y todo en este momento preciso? Porque, a ver, por el amor de Dios, ¿qué otro momento te crees que tienes?

Piensa en todos los «momentos» que has malgastado con resentimiento, ira, procrastinación, cinismo, chismes, ensoñaciones… lo que quieras. Si sumaras todos esos momentos, ¿qué podrías haber hecho con todo ese tiempo? Cuando llegues al final de tu vida, sólo te acompañarán esos momentos malgastados, lo que podrías haber hecho, quien podrías haber sido.

Ni siquiera te estoy culpando. Te han engañado, se han reído de ti como del resto de nosotros. Y, en cierto sentido, ya lo sabías, pero les seguiste el juego de todos modos.

En Occidente, la mayoría de nuestras hipnóticas ideas sobre el éxito, desde la más popular hasta la más especializada, se reducen, esencialmente, a una forma u otra de materialismo. Y todas están modeladas con base en la noción de que, en cuanto alcances tu objetivo, se solucionarán todos tus problemas. ¡¡Ja!!

No lo harán.

Porque, incluso si así fuera, te seducirían para tratar de alcanzar otro «final». Como ya has hecho antes.

No estás corriendo en la rueda del hámster. Eres la maldita rueda del hámster.

Todos tus objetivos —conseguir un trabajo bien pagado, una mansión, una pareja sexy y atractiva o la «libertad» de hacer lo que quieras— tratan de tener más, de llegar más alto, de ir más rápido, de ser mejor. En los últimos años, se ha desarrollado también la tendencia opuesta hacia el minimalismo, las casas pequeñas y los Teslas; hacia la clase de vida que podría catapultar tus sueños de Instagram. Es la versión «menos es más» del éxito. Son extremos opuestos del espectro, pero, esencialmente, se llega ahí de la misma forma. A todos nos empujan a alcanzar el final del arcoíris. Escoge un extremo y corre hacia él.

Siempre vas hacia alguna parte, pero nunca estás aquí. El problema es que «aquí» es donde está «eso».

Piensa.

Tanto el campo maximalista como el minimalista son materialistas en cuanto a que perciben el éxito como un fenómeno que existe en algún lugar del universo. Aunque, a primera vista, el CEO de una compañía y/o tu tatuado barista puedan parecer totalmente distintos, hablar sobre, y valorar, cosas completamente distintas, lo más probable es que se limiten a tener puntos de vista alternativos desde una misma ventana.

Puedes comprarte un carro con base en sus caballos de potencia o su consumo, pero te estás comprando un carro de todos modos. Ni siquiera podemos excluir a quienes van en bicicleta o andan hasta su trabajo, pues eso no es más que su versión de «mejor».

La mayoría de nosotros no sólo vemos el éxito como algo externo, sino que también tendemos a proyectarlo hacia el futuro. A menudo es algo que ocurre más adelante, cuando hayamos avanzado lo suficiente en nuestra carrera o pasado suficientes horas en el gimnasio. Incluso si ya hemos alcanzado muchas de las cosas que nos habíamos propuesto, típicamente siempre sigue habiendo alguna clase de mejor éxito en el que estamos trabajando y que se encuentra a uno, cinco o diez años de distancia.

Sea perder X kilos, ganar X dólares, leer X libros o pagar una cantidad X de deuda.

En resumen, sea cual sea tu versión del éxito, casi siempre será externa y más adelante. Y te la has tragado. Por completo.

Y, aunque es cierto que la sociedad puede haber influido en nuestra visión de lo que constituye el éxito, demasiada gente corre a victimizarse, quejándose de que la han condicionado, obligado o engañado para adoptar estas ideas sobre el éxito; de que le han lavado el cerebro para valorar cosas que, en realidad, no valora.

Es como si tuvieras un cartel gigante con luces de neón sobre tu cabeza que proclamara: «No he sido yo, ¡han sido ELLOS!».

¡Y un carajo!

No hay una oscura organización de personas tratando de condicionar a una personita como tú. Esto no son más que una serie de consensos sociales, explícitos e implícitos, que se dan en cualquier sociedad y que determinan lo que es bueno y malo. Y tú has escogido seguirles la corriente. Esta historia se repite en cualquier lugar del mundo, aunque alguien de Japón quizá tenga una visión ligeramente distinta del éxito que, digamos, alguien de Brasil.

Esto significa que no puedes culparte más que a ti mismo por cómo ves e interactúas con el éxito. Y tu rebelión contra él es, en realidad, una prueba de que te lo sigues creyendo.

¿Todavía no lo entiendes? Verás, todo lo que te acabo de decir significa que puedes decidir cambiarlo. Puedes dejar de creerte la versión externa y futurista del éxito.

Puedes reemplazarla con algo que te llene más. La vida no es una maldita cinta de correr. Es un jardín. Un lugar para crear, cuidar y disfrutar. Y, como todo jardín, a veces exige trabajo y esfuerzo y, si no logras amar el trabajo, nunca amarás de verdad el jardín.

Quizá todo esto te suene un poco *cliché*, pero creo que: «no es hacia dónde vas, sino dónde estás».

El éxito no es algo al final del camino o dentro de dos meses. Es quien eres. Quien *eres* es exitoso. Aquello que persigues, tú ya lo eres. Aquí y ahora. No se trata de convertirte en nada, sino de usar este momento en el tiempo para expresar lo que ya eres.

¿Y los resultados? Ah, ya llegarán, amigo mío, ya llegarán porque eres auténtico y tus acciones siempre se alinean con quien eres, pero no tienes ansiedad, ni preocupaciones, ni presión, porque siempre estás aquí para lo que está aquí y, mientras mantengas esta perspectiva, ¡el futuro se resolverá por sí mismo!

> *El hombre es la única criatura*
> *que se niega a ser lo que es.*
> —Albert Camus

Esto no significa que dejes de avanzar, que dejes de tratar de mejorar. Pero el avance ya no es desesperado. Es la clase de avance que inspira la vida que tienes.

Puedes estar satisfecho con quien eres y, sin embargo, avanzar hacia algo mejor. Pero ya no es el avance de una persona ahogándose, tratando de agarrar un salvavidas. Es el avance de alguien plantado firmemente en el bote o en la orilla con unos cimientos firmes para su identidad y confianza en sí misma.

10

La sabiduría del éxito

«Cuando la responsabilidad de tu calidad de vida recae en cualquiera que no seas tú, te conviertes en una víctima».

Probablemente esta mierda quede escrita en mi lápida.

Esta afirmación es una pieza fundamental para todo lo que hago. Si ya has leído alguno de mis otros libros o me sigues en redes sociales, te sonará familiar. Y si, sencillamente, eres incapaz de, o no quieres, aplicarte esta idea, te recomiendo probar otro camino, porque, definitivamente, no soy tu hombre. Pero si solo te está costando alinear esto contigo, no pasa nada; con eso al menos podemos trabajar. Tus dificultades apuntan a cierto grado de voluntad por tu parte.

Si tu respuesta a responsabilizarte de tu vida empieza con:

«Sí, pero tú nunca has tenido una madre que…».

O:

«Claro, pero mi ex…».

O:

«El concepto suena muy bien, pero ¿qué pasa con la realidad, Gary?».

Tu bancarrota, tu abuso, tu pérdida, tu abandono, que se aprovechen de ti, que te engañen, que te persigan, tu lugar de nacimiento, tu sexualidad, tu salud, tu peso, tu edad, tu aspecto físico, tus dificultades, tus defectos de carácter —lo que tú quieras—, nada de eso puede determinar cómo te irá en la vida si partes de la idea de que todo es inevitable e inextricablemente cosa TUYA. Vas con todo y en serio.

No eres sólo parcialmente responsable; nada de «sí, pero» o «y si».

Todos estamos programados para darle, automáticamente, la vuelta a las cosas cuando empiezan a ir mal, no es algo único en ti. Da igual que seas de los que verbalizan quién es el culpable o de los que se guardan su opinión hasta que les conviene. En cuanto las cosas se tuercen, empezamos a buscar quién la ha cagado. El deseo de culpar es veloz como el rayo y te despojará de tu poder.

Un negocio ha salido mal. Zumbido. «Es todo culpa de John». Alguien se olvidó de traer la ensalada de papa para el asado. Zumbido. «Querida, pensé que la habías agarrado tú».

A lo largo de nuestras vidas, nos volvemos tan buenos, integramos tanto este automatismo, que siempre podemos determinar exactamente quién tiene la culpa de cualquiera de nuestros problemas, desde el pinchazo en la rueda del carro de camino al trabajo hasta nuestra cuenta bancaria vacía y el mal jefe que no nos ha ascendido, todo en un abrir y cerrar de ojos.

¿Alguna vez te has preguntado cómo te afectan estos malabares?

Verás, mientras te absuelves de forma activa y consistente de tu responsabilidad, te privas sutilmente de tu propio control para no hacer nada relevante respecto al problema en el que te encuentras. Te privas del timón de tu vida y lo pones en manos de algo o alguien a quien das el control. Mientras, estás en el asiento trasero suspirando y poniendo los ojos en blanco y tu vida, inevitablemente, va de mal en peor.

Culpar a otras personas por las cosas que ocurren o han ocurrido en tu vida no las resuelve. Encontrar a alguien a quien señalar no arregla nada. Buena suerte si esperas recibir una disculpa porque, incluso si terminan por dártela, lo más probable es que no te sirva de nada, por mucho que hayas tratado de convencerte de lo contrario.

Ahora, esto no significa que nunca debas responsabilizar a otras personas cuando la caguen de manera legítima. Pero, si pretendes ser exitoso, tendrás que encontrar alguna forma de ponerte en el centro de tu propio universo en miniatura.

Tienes que cambiar tu perspectiva, posar por completo la responsabilidad sobre tus hombros, dejar de fingir que eres víctima de tus circunstancias y de tu entorno.

La responsabilidad empieza con: «Ha ocurrido esto. ¿Ahora qué?». Si la respuesta a esa pregunta te lleva a la indefensión, sigue buscando hasta verte no sólo como la fuente de tu problema, sino también con un camino para salir de él.

Si quieres gloria y alabanzas cuando las cosas van bien —dinero, respeto, reconocimiento—, entonces debes aprender a comerte también lo malo. Y todo, no sólo una parte. ¿Por qué? Porque, cuando te responsabilizas completamente de cómo te van las cosas, también te corresponde encontrar respuestas, buscar soluciones y claridad.

A veces tendrás que hacer un esfuerzo mental para ponerte en esa posición. Repito, la mayoría de nosotros llevamos toda la vida haciendo estos malabares, así que tendrás que reprogramarte para sobreponerte a ese instinto. Quizá incluso empieces a darte cuenta de cuánto te has victimizado en el proceso, de cuán deprisa recurres a la indefensión o a la resignación como camino hacia la rendición.

Pero quiero que sepas que puedes con esto. Eres la respuesta a todo en esta vida. Todo comienza cuando, por fin, te responsabilizas de ella: de lo bueno y de lo malo, de las tragedias, los altos y los bajos. Todo es cosa tuya.

No tiene nada que ver con la culpa (la culpa trata del pasado), pero aquí tienes una forma sencilla de entender la enorme diferencia entre la culpa y la responsabilidad: manejar. Tú no manejas como si fueras culpable, ¿verdad? No prendes el carro y te pones de inmediato a la defensiva, ni te carcomen la culpa, la vergüenza o el arrepentimiento en cuanto pisas el acelerador y despiertas a la bestia. No. Lo que haces es manejar teniendo en cuenta las condiciones, prestando atención y haciendo todo lo necesario para asegurarte de llevar tu viaje a buen término.

Lo mismo ocurre con la vida. Hazte responsable de tu experiencia, de cómo va.

En algún momento, quizá empieces a entender la responsabilidad como lo hago yo.

Como el mayor regalo de la vida.

Estás al volante, baby. Ahora maneja esta condenada cosa.

«No amo el fracaso, pero tampoco lo temo».

Al menos no lo temo lo suficiente para detenerme.

Hay una moda particularmente molesta donde hay gente que dice que debes amar el fracaso, abrazarlo… ¡y algunos hasta profesan disfrutarlo!

No es que esté totalmente en contra de esta clase de filosofía. No tengo ningún problema con el miedo al fracaso entendido como fenómeno. En general, es sano. Como mínimo, te obligará a pensar en cómo lidiarías con él en lugar de evitarlo. Pero no me convence la idea de amar abiertamente la derrota. No es sólo contraintuitiva, sino que, con facilidad, también puede volverse contraproducente.

Así que lo que necesitas es una relación empoderante, pero realista, con el fracaso. Porque, al fin y al cabo, si alcanzas cualquier éxito notable, es inevitable que termine ocurriendo. En tu camino hacia el éxito por el que hayas apostado, sufrirás contratiempos, desde lo más minúsculo hasta lo enorme. Y, cuando alcances lo que consideres el éxito, todavía no habrás terminado de fracasar. Incluso la gente en la cima debe enfrentarse a él.

Así que es lógico lidiar con el fracaso y ponerlo en perspectiva. Debemos trabajar en sentirnos cómodos con la posibilidad del fracaso. Aunque no demasiado cómodos, no amarlo, sólo lo suficiente para ser capaces de atisbarlo en el horizonte y, aun así, seguir adelante. No debe poder detenerte.

También se trata de ser capaz de fracasar sin permitirte lastrarte con toda la carga emocional que eso acarrea. No sentirte demasiado desmotivado o deprimido, no rendirte demasiado pronto cuando las cosas no van bien. El fracaso es una parte intrínseca del éxito. Pero también hay muchísimas personas que han fracasado un millón de veces sin nunca alcanzarlo, que tuvieron una docena de relaciones o negocios fallidos sin un solo éxito real.

Así que, en lugar de abrazar directamente el fracaso, abraza la noción de que no es algo que vayas a permitir que te detenga. Todo esto forma parte del juego. ¿Qué relación tienes ahora con el fracaso?

Esto me lleva al drama del fracaso. Como hemos comentado en el capítulo sobre el miedo, a menudo construimos narrativas sobre el fracaso en nuestra mente que no se corresponden con la realidad. Que tu negocio se hunda o que te despidan no te matará. Puedes respirar hondo, reequiparte y seguir por otro camino. Estás vivo: tienes ideas y te late el corazón. Ése es un excelente punto de partida. Aprende a ser realista respecto a las implicaciones del fracaso en lugar de preocuparte por morir cuando aparezca.

«*Ser positivo está sobrevalorado*».

A la gente le encanta hablar sobre la positividad. Con una mentalidad positiva podemos lograr lo que sea, podemos cambiar nuestras vidas, ¡e incluso el mundo! ¡¡SÉ POSITIVO!!

Oye, no es que odie la positividad. No es que vaya por ahí gritándoles a las personas sonrientes, contándoles a los eternos optimistas cuán terrible ha sido mi día u, ocasionalmente, empujando viejitas encantadoras en el centro comercial.

Pero la verdad es que, si lo que buscas es éxito en tu carrera, en tu empresa, o en cualquier otro ámbito, habrá momentos en los que deberás producir y, sin embargo, cada fibra de tu cuerpo grite: «¡¡¡NO!!!». Tiempos en los que tendrás serias dudas o una confusión incapacitante. En los que te sentirás resignado, deprimido o desesperadamente cínico acerca de la tarea ante ti.

Hay quien te dirá: «Bueno, ¡sólo tienes que aprender a ser más positivo!».

No te molestes, amigo. Eso es un desvío en el que no puedes permitirte quedar atrapado.

Admito que siento cierta satisfacción cuando señalo a toda la gente positiva que creía poder hacer algo... y falló. Gente confiada, inspirada y segura de sus capacidades que, a pesar de estar envuelta de pies a cabeza en su cómoda capa de polvo mágico de positividad, no lo logró. ¿Por qué esta satisfacción? Porque creo que mi misión es ser el defensor de los derrotados, abrumados y atrapados, y, sencillamente, creo que decirle a esa clase de persona que debe ser más positiva es no entender en absoluto lo que está sufriendo.

La positividad está bien como fenómeno y, diablos, es incluso un tónico útil durante el proceso de darle la vuelta a tu situación. Pero ahí termina su utilidad en lo que respecta a la vida. Prefiero que la gente se dé cuenta de que puede obtener resultados milagrosos independientemente de cómo se sienta, a distraerla haciéndola perseguir primero el santo grial de la positividad.

Después están aquellos tan empapados en esta falsa laca de positividad que, cuando fracasan estrepitosamente, ni siquiera se dan cuenta, ni se enfrentan a las consecuencias. Como un cantante terrible que no deja de decirle a la gente que será una gran estrella o el alma desesperada que ve arder su casa y ríe agradecida por tener la oportunidad de calentarse las manos en el abrasador infierno.

Existe una clase de pájaro llamado estornino que se siente atraído por los objetos brillantes, particularmente de plata. Si alguna vez te cruzas con uno de sus nidos, encontrarás toda clase de pedazos de metal y quizá incluso uno o dos anillos de compromiso perdidos.

Los estorninos están tan absortos en su colección de cosas brillantes como nosotros en nuestra obsesión por la tentadora positividad. Te distraerá del desastre de tu nido, o de tus polluelos hambrientos, pero... ¡Qué diablos! Ahí hay una anilla brillante de una lata de Coca-Cola que se verá fantástica en la colección. ¡GENIAL!

Y eso es la obsesión con la positividad: una distracción. Mientras pierdes el tiempo trabajando en desarrollar una mentalidad positiva, mil problemas a tu alrededor esperan ser atendidos. Pero, o bien te distraerá tu búsqueda de algo de entusiasmo y motivación o, si terminas por encontrarlos, te cegará el dulce velo de la positividad de tal manera que quizá no veas cómo se fractura y derrumba tu pequeño imperio hasta que sea demasiado tarde.

Uno de esos desenlaces que «salieron de la nada», ¿verdad? No. Simplemente, fuiste incapaz de verlo, aunque lo tuvieras delante de tus positivas narices.

Sólo existen el hacer y el no hacer, y eso es todo en lo que deberás concentrarte, te llene o no de positividad. Porque, si eres sincero contigo mismo, verás que has producido incontables cosas en tu vida a pesar de haber tenido una mentalidad aparentemente negativa. Diablos, algunas de mis mayores victorias llegaron con el ruido sordo de «No lo lograré» lastrándome a cada paso del camino. Y lo logré de todas formas.

Tú también lo has hecho. Quizá conseguiste un trabajo que no creías que fueran a darte, o terminaste un proyecto que, en varios momentos, te hizo dudar de tus capacidades. En asuntos más básicos, sacaste la basura o te levantaste de la cama cuando tus niveles de motivación estaban bajo tierra. La positividad está bien, sólo que no es un componente necesario del éxito. Puedo entender que te sientas magnéticamente atraído por todo lo alegre y brillante si llevas toda la vida alimentado a base de la propaganda de la positividad. Pero, como todo estado emocional, la positividad viene y va, y permanece más o menos tiempo. Nunca debes utilizarla como señal para decidir cómo o si deberías seguir adelante.

De hecho, si hay algo que puedes ir empezando a desarrollar, es la capacidad de actuar poderosamente cuando careces de positividad, de motivación o de entusiasmo.

La acción es clave. El resto es ruido.

«*La verdadera fuerza no proviene de tu carácter, sino de tu voluntad de superarlo*».

¿Quién eres? No, en serio. ¿Quién *eres*?

Antes de empezar a decir alguna tontería sobre el espíritu del universo o algo así, déjame que te lo diga yo.

Eres un mal actor.

Ahora mismo, eres poco más que una serie de comportamientos, pensamientos y emociones predecibles que van sobre los rieles de patrones neuronales que se repiten en tu cerebro. Estos «comportamientos fijos» en los que te has convertido son todo por lo que te riges, día tras día, escena tras escena. Es tu rutina, tu guión, el arquetipo de tu personaje.

Claro, siempre eres el protagonista en tu pequeña obra de teatro. Quizá eres el misterioso pero carismático canalla, o el incansable bromista que llora con la cabeza hundida en la almohada, o el ángel caído que lucha contra todas las ofensas que le ha impuesto este mundo cruel y despiadado. Quizá seas un tranquilo pragmático que observa con arrogancia en la mirada cómo la gente destruye su mundo, y que lee este libro con el «todo esto ya lo sé» a todo volumen en la cabeza.

Recurrimos cada día a nuestro personaje en busca de fuerzas, nos apoyamos en él para conseguir lo que queremos. El bromista utilizará el humor para librarse de situaciones complicadas o para agradar a la gente. El pragmático estudiará, se tomará su tiempo y utilizará la estrategia para superar cualquier situación. Pero la verdad es que, si quieres lograr nuevas cosas en la vida, especialmente si son importantes, la clase de cosas que nunca has hecho antes, el personaje no bastará. Tendrás que encontrar nuevas formas de ir más allá de cómo te defines ahora.

El éxito llegará cuando te salgas del guión, cuando te liberes de las limitaciones de la persona en quien te has convertido. Se trata de cambiar tu comportamiento, de ser valiente donde antes te amedrentabas, de ser paciente donde antes te precipitabas, y viceversa. Deberás explorar todo el espectro del «tú» en lugar de depender de las estrechas miras de en quien te has convertido. Eres un milagro del ser, ¿recuerdas?

Podrías ser lo que quisieras. Ahora mismo.

En este mismo instante podrías estar emocionado o inspirado, ser poderoso, apasionado o valiente. Cualquier «forma de ser» te permitiría superarte y producir nuevos resultados. Podrías convertirte en la clase de ser que te liberaría del cenagal de tu personaje presente. Ya dispones de una profunda e influyente capacidad para insuflarte vida en cualquier circunstancia. Sólo tienes que dar la cara por ti.

La verdadera fuerza no proviene de tu personaje. La verdadera fuerza existe cuando haces algo que nunca habías hecho antes, cuando piensas: «no lo sé», o «estoy demasiado cansado», o «no puedo hacerlo»… y vas más allá de eso.

Porque ese «más allá» es exactamente donde encontrarás esos nuevos niveles de fuerza y una multitud de caminos abiertos hacia nuevos resultados por explorar.

De nuevo, si tratas de avanzar en la vida, de mejorar tu futura situación, de pasar al siguiente nivel, tendrás que enfrentarte a estas pruebas de carácter. A momentos en que la persona en que te has convertido empieza a dejar de ser relevante. Quizá no puedas predecir exactamente cómo serán, o cuándo ocurrirán, pero no dudes que llegarán.

En esos momentos, puedes elegir entre seguir representando el mismo personaje o cambiar de papel, entre limitarte a repetir tus diálogos tal como están escritos o improvisar, ir sobre la marcha, ajustarte a los desafíos según llegan o crear nuevos comportamientos y métodos para superarlos.

Esos son momentos críticos de reinvención en los que te cuestionarás en quién te has convertido y te enfrentarás a lo desconocido para explorar quién podrías ser, quién necesitas ser, para liberarte de lo mundano.

¿Cómo se hace eso? Probablemente, ya conozcas la respuesta, aunque te hayas pasado tanto tiempo tratando de convencerte de lo contrario que te suene irreal.

A través de ese negocio, de ese trabajo, de ese instrumento, del pincel o la arcilla, o de la idea que está abriendo a fuego un agujero en tu consciencia. Sea por amor, por pasión, por una aventura o por lo que sea, aférrate a la posibilidad y abrázala como tuya.

Sal ahí afuera, a lo desconocido e impredecible, y que empiece el juego.

«La vida sólo cambia en el paradigma de la acción».

Tu vida actual se encuentra en la frontera entre dos mundos distintos.

Uno es el mundo interior de los pensamientos, los sentimientos y las emociones. El otro es el mundo del comportamiento o, en otras palabras, de las acciones. Por supuesto, crees que todo eso es un solo mundo. Y ése es uno de los principales motivos por los que tu vida es como es: porque pasas largos periodos tratando de juntar ambos mundos.

Como sociedad, cada vez estamos más obsesionados con la idea de tratar de hacernos sentir de otra forma para poder, por lo tanto, comportarnos de otra forma. Si cambias tus pensamientos/sentimientos/emociones, cambiarás tu vida, ¿no? No.

Hoy en día es también uno de los temas dominantes de la mayoría de la autoayuda basura: siete pasos hacia tener más confianza en ti mismo, aumenta tu autoestima en treinta días, incrementa tu motivación con un sencillo truco diario. Todos son vanos intentos de alinear de alguna forma tu estado interior con lo que ocurre a tu alrededor. Y parece que tu vida seguirá bloqueada hasta que logres sincronizar los dos mundos, ¿verdad?

Todo gira en torno a crear un nuevo estado emocional. Y, a partir de ahí, nos dicen, esta nueva forma de sentir dará pie a las nuevas formas de acción que siempre hemos deseado. Si tan sólo nos sintiéramos un poco menos deprimidos, más entusiastas, empezaríamos a dar los pasos que nos llevarían hacia donde queremos estar. Ya mencionamos esto cuando hablamos acerca de que la positividad no es la solución.

He aquí por qué no funciona.

Porque, como seres humanos, todos nuestros éxitos —y me refiero al cien por cien de ellos, a todos y cada uno— se han reducido a hacer las cosas de forma distinta a como las hacíamos antes. La ilusión es que eso a veces también ha incluido un cambio en cómo nos sentíamos. Así que tú, como la mayoría de la gente, la has convertido en una falsa verdad. En mala sabiduría.

Claro, a veces, cambiar la forma en que nos sentimos nos facilita la motivación para cambiar lo que hacemos, pero modificar lo que hacemos es lo que de verdad produce el cambio en el mundo físico. Hacerlo sin sentirnos motivados, confiados o lo que sea funcionará de todos modos. Nuevos sentimientos carentes de acción no cambian nada. Además, de propina, en el proceso de cambiar nuestras acciones es incluso posible que cambiemos también cómo nos sentimos.

Por eso te sientes más motivado y feliz ante el ejercicio después de haber empezado a hacerlo, no antes.

Soy consciente de que aquí voy un poco a contracorriente, pero, si no eres consistente con tus acciones para mejorar tu futuro, todo lo demás no son más que tonterías imaginarias.

Cualquier cosa que haya valido la pena —en nuestra vida o en la historia— empezó con una pequeña acción. Por eso te pido que dediques toda tu atención, todo tu cerebro y energía, a tener un impacto en el mundo de las acciones, que empieces a construir una vida centrada en multiplicar y cambiar tus acciones, no en modificar tus emociones.

No tiene nada de malo que mejores tu estado emocional o tu confianza en ti mismo, pero el camino más seguro hacia el éxito es hacer las cosas de otra manera, incluso si sigues sintiéndote igual. Siéntete fatal, pero triunfa con ese proyecto de todos modos. Siéntete ansioso, o incluso asustado, pero pídele igual una cita a esa persona. Siéntete distraído, pero estudia de todos modos.

En la mayoría de las profesiones no te pagarán menos si haces tu trabajo de mal humor con tal de que lo hagas. Pero sí que te pagarán menos (léase: nada) si no haces tu trabajo porque estás en el séptimo cielo.

Eso es porque lo que importa son las acciones, no cómo te sientes.

Esto le da la vuelta a la expresión «piensa antes de actuar», ¿verdad?

11

Una vida más sabia que el diablo

Queremos una vida
que importe. Una
vida con un propósito.
Una vida más sabia
que el diablo.

Ya es casi la hora de separarnos y quiero despedirme con algo que te cambie la vida de verdad.

He tratado de comprimir toda la sabiduría posible en estas páginas sin convertir el libro en un monstruo que nadie tendría tiempo de leer. Hoy en día, da la impresión de que estamos cargados, recargados y, en general, sobrecargados de información y por las exigencias a nuestro tiempo.

Pero hemos cubierto bastantes temas importantes. Ahora te corresponde a ti empezar a enfrentarte a algunas de estas partes fundamentales de tu vida, reflexionar profundamente sobre ellas y lidiar con lo que debe guiarte. ¿Qué asunciones incorrectas sobre el amor es hora de descartar? ¿Qué has dejado que te desvíe en lo que respecta al miedo, a la pérdida o al éxito? De ti depende reclamar la vida que quieres, una basada en algo más tangible que el sube y baja de tus emociones diarias y las narrativas que, hasta ahora, han gobernado sobre el origen de tus pensamientos y respuestas.

Cuando sientas que has asido estos fundamentos, quiero que te tomes un momento conmigo para reflexionar sobre el trabajo de tu vida.

Sí, eso es, el trabajo de tu vida. Tu obra maestra, tu *opus*, la cegadora gloria de tu existencia.

Ya sabes, aquello que permanecerá cuando tú ya no estés. Tu influencia, tu legado. Me da igual si tienes veinte u ochenta años, ésta es una pregunta a la que todo el mundo debe enfrentarse ahora mismo. ¿Nunca te has preguntado qué estás dejando a tu paso? ¿Qué pretendes que quede cuando te vayas?

Recuerdo, cuando tenía quince o dieciséis años, estar charlando con mi mejor amigo (que, por cierto, sigue siendo mi mejor amigo) sobre nuestros futuros. Me preguntó: «¿Qué quieres hacer?».

Le respondí: «No lo sé, pero quiero que sea algo que sobreviva después de mi muerte».

Sería muy poderoso y mágico decirte que aquella afirmación marcó a fuego en mi corazón un propósito que me cambiaría la vida y que me llevaría a convertirme en el hombre que soy ahora... pero no lo hizo. Dejé que se escapara de entre mis labios hacia aquel cielo escocés de verano, sólo para terminar velozmente consumida por la ociosa e insignificante conversación que le siguió. Algo sobre música y fútbol.

Resulta que a mí tampoco se me daban bien estas cosas.

Terminé batallando con mi vida durante mis primeros cuarenta años y estuve a punto de perder.

Viví una vida ordinaria e intrascendente. Y no sólo porque yo fuese ordinario (que lo soy, igual que todos nosotros), sino también porque no trataba de hacer nada que me obligara a levantarme del barro. Básicamente, no usaba mi vida más que para atender las preocupaciones rutinarias de cualquier día, semana o mes determinados.

Gana dinero, haz amigos, encuentra una pareja, compra una casa, vete de vacaciones, quéjate, diviértete, quéjate, diviértete de nuevo, vuelve a quejarte, paga las facturas, trata de ascender, persigue uno o dos sueños, más vacaciones, paga más facturas, más casa, más carro, trata de llevarte bien con tu familia... ya me entiendes. Es que, a ver, era lo que todo el mundo andaba haciendo, así que, ¿por qué no?

Probablemente, esto también se parezca mucho a tu vida.

No me desperté hasta los cuarenta años. Hasta entonces estuve encerrado en mi cabeza, persiguiendo lo que parecía «realista» desde los confines de mi propio tarrito de mermelada casera.

Si hubiese seguido con aquello, estoy totalmente convencido de que mis últimos años no me hubiesen reservado más que arrepentimiento.

Claro, tuve mis éxitos. Tenía amigos, una familia y un techo sobre mi cabeza, pero eso no significaba que mi vida se dirigiese hacia ningún lugar próximo a la anhelada tierra de la satisfacción y la felicidad. Y, si tomas distancia y eres sincero contigo mismo, no tiene nada de malo que todo esto forme parte de tu vida, pero sigue sin abordar para qué la estás utilizando.

Sólo «hacía» la vida, como tú, y lo que necesitaba era «ser» la vida, también igual que tú. Necesitaba desesperadamente una vida que me llamara a ser alguien que nunca había sido y que exigiera que estuviera a la altura todos y cada uno de mis días. Una vida que me obligara a responder. Y tuve que ser yo mismo quien le diera forma a todo aquello.

Llegó un momento en que me vi obligado a preguntarme: «Si sigo haciendo esto, ¿cómo me saldrá la vida?». La respuesta llegó en forma de un grito desde el abismo de mi futuro. No saldrá. Moriré luchando y deseando y tratando de alcanzar algo, quizá sedado por un esperanzado optimismo o un desprecio filosófico. Veamos: ¿cómo contestas tú esta misma pregunta? Olvídate de la esperanza y di la verdad.

Párate a pensar en esto por un momento. Observa la trayectoria de tu vida, todas las cosas que estás soportando o retrasando, que te hacen sufrir o te dan problemas. Llega hasta el final del camino en tu imaginación. Tus relaciones, tu cuerpo, tus finanzas, tus pasiones, tus traumas y aflicciones y tu afinidad con ese pasado que te lastra. Conéctate a tu realidad, al peso de todo lo que está ocurriendo en tu vida. Esto no es una teoría o un ensayo general para más adelante. Esto es todo. Es tu vida.

¿Cómo saldrán las cosas si sigues viviendo como hasta ahora?

Esperaré mientras asumes la respuesta.

Imagínate la fría y dura realidad de lo que te espera si sigues por este camino.

¿La ves? Muy bien. Inhala. Exhala. Saca el aire de tus pulmones.

No tienes por qué ser eso. Puedes cambiar. Hoy. No me importa la edad que tengas, cuán chingado creas estar ni cuán atrapado hayas terminado. Te voy a mostrar cómo vivir una vida real, factible, encaminada, firme y más sabia que el diablo.

NO SE TRATA NI SE HA TRATADO NUNCA DE TI

Dicho llanamente: deseamos la libertad. En concreto, la libertad de ser. Lo que, por defecto, te exige obsesionarte cada vez más contigo mismo y con lo que te diferencia de los demás. No es de extrañar que estemos tan fascinados con nosotros mismos.

Pero ¿por qué no? ¿Verdad? Es decir, tenemos sueños y ambiciones y derechos y… espera, amigo mío amante de la libertad, también necesito que consideres una perspectiva más amplia.

Verás, nos hemos convertido en una generación, o, más bien, en una serie de generaciones, profundamente sumergidas en el «¿Y qué pasa conmigo?». Esto no sólo es un enorme negocio, ¡sino que el negocio va bien! Todo a tu alrededor trata de ti, está hecho para ti, dirigido a ti, te sirve a ti, exige tu atención y alimenta tu voraz necesidad del «yo».

El problema es que, cuanto más se trata de ti, más chingado estás. No, en serio. Esto no es sólo aplicable a tus relaciones más íntimas, sino también a tus relaciones con el mundo mismo.

Piensa en ti mismo un momento (como si para eso necesitaras una invitación), en cuando alguien tiene algo que tú no y de inmediato empiezas a pensar: «¿Y qué pasa conmigo?». Vemos la relación de otra persona y la comparamos con nuestra propia felicidad o con quien nos está impidiendo alcanzarla. También hay ocasiones en que vemos la expresión ajena, otra libertad de ser, como una violación de la nuestra. Miramos hacia afuera y hacia adentro, hacia afuera y hacia adentro, comparando y contrastando una y otra vez, atrapados en una trampa de no tener suficiente/ nunca ser suficiente.

Ahora voy a utilizar una palabra que no me gusta usar.

Narcisista.

¿Por qué no me gusta usarla? Porque la gente la utiliza para etiquetar y menospreciar *a otros*. Al final, permite a quien la usa cosificar a otros, convertirlos en una «cosa» con unas propiedades determinadas, en lugar de en un ser que vive y respira, con deseos, necesidades y un pasado propio que superar. Todos tenemos dificultades a cierto nivel, independientemente de lo que se vea en la superficie. Ten eso en cuenta.

La única persona con quien puedes utilizar esa palabra es contigo mismo. Para examinar, evaluar y responsabilizarte de dónde te estás desviando. Para exponer a tu narcisista interior.

Sé sincero, estás obsesionado contigo mismo. Por eso te compraste este libro.

También podrías defenderte diciendo que no eres sólo tú y que las cosas son así desde hace mucho tiempo, aunque quizá ahora sea más obvio por culpa del mundo de las redes sociales, los *reality shows*, las *selfies* y todo el resto de las cosas que te restriegan todo el día por la cara. Pero considera que «el mundo» no hace más que responder a ti. Y sí, eres así de poderoso.

Profundicemos un poco más en esto.

Los últimos cien años han sido una enorme revolución prolongada. Y sí, todavía seguimos en ella. Pero no hablo tanto de las evidentes y ya conocidas revoluciones físicas en las que la gente se alzó en armas, invadió las calles y luchó o protestó contra un monarca, un gobierno, la injusticia o una forma de vida. Claro, ha habido muchas de éstas a lo largo de la historia, y lo más probable es que las siga habiendo para siempre de una forma u otra, pero, desde mi punto de vista, no son más que el producto de lo que realmente ha estado ocurriendo. Por ejemplo, la aparición de los Estados Unidos fue un ejemplo perfecto de un enorme cambio sistémico que estaba (y sigue) emergiendo en todo el planeta.

Pero ¿qué ha estado cambiando tan dramática y poderosamente?

Nuestra forma de pensar y, por ende, de hablar. La evolución de la humanidad es dialéctica. Utilizamos el lenguaje para forjar nuevas libertades, nuevas ideas, nuevos permisos para inventar y expresar quienes somos en este lenguaje. Y este cambio ha embestido el futuro como un tsunami, abriendo un nuevo camino para las generaciones venideras.

La humanidad tiene una larga y conocida historia de tratar de alcanzar cosas mejores, de mejorar su vida y abrazar nuevos niveles de libertad. Y con todo derecho. Pero esto, como cualquier solución, independientemente de cuán justificada o correcta sea, tiene consecuencias. La clase de resultados que quizá no vimos venir, pero que, sin embargo, tendrán un precio.

Por supuesto, deseamos las libertades obvias de escoger por quién votamos o a qué grupo o clase social o económica pertenecemos, dónde vivimos y en qué tipo de casa lo hacemos.

Y todo está basado en tu mayor deseo. Tu deseo de escoger fundamentalmente quién eres y quién podrías ser. Tu autoexpresión. La expresión de tu «yo».

Por supuesto, esto es mucho más posible hoy en día. Y de ninguna manera estoy diciendo que haya nada inherentemente malo en el deseo de escoger qué piensas o cómo actúas. Todo lo contrario.

Pero considera que esta búsqueda de la libertad ha tenido un precio muy elevado, la clase de precio que, generalmente, está oculto, que crece y se aviva en el telón de fondo no sólo de tu vida, sino de la de todos nosotros.

¿Cuál es el precio? ¿No te has dado cuenta de que nos estamos aislando cada vez más? ¿De que somos cada vez más introvertidos y ansiosos? ¿De que estamos cada vez más preocupados y afectados? ¿Y de que todo ocurre mientras desarrollamos una separación grande y profunda del resto de los seres humanos y del mundo a nuestro alrededor?

Ése es el precio de la libertad que exigimos para ser nosotros mismos. Estamos atrapados en conductas narcisistas y egocéntricas, lastrados por lo que creemos merecer y controlados por nuestros deseos más profundos y vacíos.

Pero, dado que no eres perfecto (incluso después de todo este autoanálisis), esto termina convirtiéndose en una fascinación estúpida con hurgarte tu propio ombligo. Te obsesionas con tus debilidades o fracasos, con lo que crees que te falta o necesitas. Revives una y otra vez los momentos que te avergonzaron o te traumatizaron en el pasado, tratando continuamente de superarlos, dejarlos atrás o ignorarlos. Ráscate donde te pica y tapa el maldito agujero.

Hay tan poca reflexión exterior, tan poca visión clara de lo que está ocurriendo en el mundo, que tu atención ataca hacia adentro, donde encuentra y se centra en todas y cada una de las cosas que no te gustan o con las que no te sientes cómodo.

Y, por lo tanto, en lugar de encontrar una nueva capacidad de ser quien quieres ser, terminas sintiéndote más preocupado y ansioso por quien no eres. Y así continúa el ciclo. Sientes ansiedad o resignación por tu peso, tu apariencia, tu carrera, tus finanzas, tus defectos de carácter y tus fracasos. La preocupación de que todo el mundo avance y tú sigas en el mismo lugar. La fobia a quedarte atrás.

Y toda esta internalización también ha provocado que nos alejemos de algo que se nos da muy bien y en lo que medramos: la conexión.

LA TRIBU

Somos tribales por naturaleza. Incluso tu silenciosa singularidad y tu deseo de independencia existen sólo en contraposición al grupo. En general, preferimos congregarnos en manada, sea en una unidad familiar, un grupo de amigos, un pueblo o una ciudad. Y ese «grupo», en muchos sentidos, debería ser ahora más grande y estar más conectado que nunca, dado el aumento de la población, la facilidad de viajar y los avances en tecnología que hemos integrado en nuestras vidas diarias.

Y, sin embargo, nos sentimos totalmente desconectados. Utilizamos estos avances para ocultarnos tras avatares en línea mientras, anónima y pasivamente (y a veces abiertamente), verbalizamos nuestros disgustos, preocupaciones, miedos y diferencias de modo agresivo. La evidente fobia al contacto y a la conversación cara a cara crece día a día.

Si hubieses nacido quinientos años atrás, habrías formado parte de algo que se sentía real y tangible (aunque invisible) y tu importancia en cualquier grupo hubiese estado directamente ligada a lo que fuese que estuvieses aportando a la comunidad. No había donde esconderse. Fueses una costurera, un cazador, un médico, una granjera, un cerrajero, una sirvienta o la panadera del pueblo, eras partícipe, alguien que existía para cubrir un rol específico. Y, entonces, para ser exitoso tenías que salir de tu cabeza y estar presente en tu vida. ¿Dónde ocurría esta vida? Por aquel entonces, como ahora, tu vida y su calidad estaban entretejidas dialéctica y relacionalmente con otros.

En términos muy sencillos: te consumía la vida que entretejías con tus semejantes. Y se trataba de una actividad, no de una búsqueda.

Quizá era grande, quizá era pequeño, pero sabías lo que se esperaba de ti y cumplías con ello. Esto te hacía importante en el grupo, crucial para su funcionamiento, incluso si te dedicabas a cavar tumbas, limpiar chimeneas o fabricar hilo. Pero no era sólo la tarea, sino quién la tarea exigía que fueses para el grupo. Y sí, tampoco era una existencia de cuento de hadas. Pero ya llegaremos a eso, ten paciencia.

Ahora ya no se te exige que des ese paso al frente, ya no tienes que dar la cara y ser alguien en la vida. Así que aquí estás, explorando la oscuridad y las sombras de tu pequeño mundo. En eso te has convertido. En alguien que trata de fabricarse un grueso manto de positividad interior en lugar de exterior.

Estás perdido en el laberinto de tus sentimientos y aflicciones.

Ahora mismo, vista a través de la lente de esta conversación, tu vida tiene todo el sentido. No es a lo que te enfrentas lo que te tiene agarrado por la garganta, sino que te está chingando lo que dices sobre lo que enfrentas. Como he dicho en mis otros libros, tus emociones y tu discurso son compañeros de baile.

Por lo tanto, no eres una criatura de sentimientos y pensamientos. Tú, mi lingüístico pequeño amigo, eres una criatura del lenguaje. Cada momento de cada día creas tu experiencia de existir con cada palabra, expresión y queja. Y no sólo tu propia experiencia. La gente tiene oídos, ¿recuerdas? Eres influyente. Eso es: tú. Pero estás tan ciego ante esto, tan atontado por tu propio egoísmo y lo que no tienes, que eres incapaz de ver el poder que ya posees.

No digo que debieras volver a la vida medieval o precolonial para dejar de aferrarte a tu celular. Esa sociedad también estaba bien chingada. La gente vivía en la pobreza y la degradación. Estaban expuestos a una intolerancia, misoginia, racismo, inhumanidad y crueldad sistemáticos a niveles casi inconcebibles comparados con la mayoría de las sociedades modernas actuales. Si tenemos en cuenta todo eso, no es difícil ver por qué la chispa del egoísmo se convirtió en semejante mar de llamas.

Pero también te invito a considerar que, en este proceso de obtener la libertad, estamos perdiendo algo crítico para nuestra humanidad.

A nosotros mismos. Porque tú eres, de hecho, un «nosotros».

Estamos perdiendo la idea del grupo. Y no, no me refiero al industrialmente refinado, esterilizado y aceptable-para-ti equipo de afables robots de los que te rodeas. Me refiero a TODOS nosotros, a todo el grupo. Y también estamos perdiendo quiénes somos en su seno.

¿Qué aportamos ahora? Somos una sociedad obsesionada con el consumo, con obtener lo que necesitamos. Y esto no son sólo cosas materiales. Queremos alegría, amor, logros, reconocimiento, admiración o conexión. ¿Te has dado cuenta de cómo todo el mundo anda en busca de estas cosas?

Por ejemplo, mira el auge de los «influencers». Puedes verlos con cinismo y preguntarte con arrogancia qué tiene esa gente de importante. Podrías, quizá, hacer caso a sus palabras, ideas o consejos en busca de alguna clase de alivio en tu vida. Pero este fenómeno sólo puede existir porque mucha gente anda en busca de influencia. Y, cuando digo «gente», me refiero a ti. Vivimos en un mundo de vampiros emocionales y, si piensas en otros cuando utilizo este término, no estás entendiendo nada y estás perdiendo una oportunidad. Por una vez en la vida, barre esto hacia adentro.

La marcha de «¿Y qué hay de mí?» está devorando todo a su paso y muy poca gente está prestando atención porque la brillante seducción de la libertad personal, de la autoexpresión o del futuro éxito ha hipnotizado a las masas.

¿Dónde están todos los contribuyentes? Nadie da la cara por nada.

Claro, alguno hay, pero el mundo está lleno de personas insatisfechas, perdidas e iracundas. Todo el mundo busca una respuesta, pero pocos invierten su vida en ser esa respuesta.

Ahora, como siempre, debo incluir una pequeña advertencia para mis comprometidas víctimas. Porque habrá gente que lea esto y diga: «Pero Gary, siempre pongo a los demás antes que a mí mismo y las cosas no me van bien».

Considera esto. Quizá hagas cosas con la idea de ayudar a los demás por el mero hecho de hacerlo, pero eso no es más que otra estrategia tuya para «conseguir» algo. Y el único motivo por el que es tan agotador es porque nunca terminas de obtener aquello que de verdad quieres. Verás, si no te está empoderando, probablemente sea una señal de que te motiva algún deseo o necesidad ocultos, independientemente de lo que te digas a ti mismo. Sea una recompensa física, alguna emoción agradable, como la admiración o el orgullo, o incluso cierta sensación de superioridad o absolución de tu pasado, vas en busca de algo distinto a lo que muestras superficialmente.

En otras palabras: no es auténtico ni genuino. Es lo que llamo una contribución «estratégica». Sacas la basura, pero es sólo para obtener «puntos» con tu pareja que podrás utilizar en el futuro. Estrategia. Haces de voluntario para alguna ONG, pero es sólo para convencerte de que eres mejor que tu culpa, tu vergüenza o algún otro de tus pensamientos más oscuros. Estrategia. Eres bueno y compasivo con los demás, pero lo que de verdad quieres es asegurarte de que no se pongan beligerantes, así que utilizas tu actitud dispuesta para manipularlos y que se comporten como quieres. Estrategia. Ayudas a tus hijos con la tarea porque quieres que sean exitosos, pero en realidad es para quedar bien ante los demás. Estrategia.

Todo lo haces tratando de compensar otra cosa. Independientemente de tu «contribución», notarás lo mismo una y otra vez: al final siempre se trata de TI. Aunque no lo veas o aunque, en un primer momento, te cueste reconciliarte con esta idea.

«Pero señor escocés, ¡no me negará que está bien hacer algunas de estas cosas, aunque sean estratégicas!».

Mira, generalmente es bueno hacer cosas buenas en el mundo, todo ayuda, pero aquí estamos tratando de que, por fin, vivas una vida más sabia que el diablo, la clase de vida que te haga sentir pleno. Y nunca conseguirás lo que quieres si sigues vinculando tus estrategias a tus buenas acciones.

No sólo es falso y oneroso, ¡sino que también es taimado! Estás jugando con gente que no puede verlo (aunque, como tú, probablemente tengan sus sospechas), vas por la vida haciendo una cosa cuando, en realidad, te interesa otra totalmente distinta y te enfadas cuando la gente no responde a tus estratagemas ocultas. Entonces, aparece el resentimiento…

Siempre habrá cosas a las que deberás renunciar, una piel que mudar mientras creas una nueva vida, y ésta es sin duda una de esas cosas. Despréndete de tus estrategias más evidentes de manipulación (sí, eso es lo que son) y busca las más subterráneas, la clase de programación interna de la que te has atiborrado y que no hace más que complicarte la vida.

Lidia con tus miedos, tus preocupaciones y tus esperanzas. Vive tu vida sin esconder nada. No siempre conseguirás lo que quieres, pero tendrás la mente despejada y tu equipaje será ligero cuando te prepares para lo que venga después, y después, y después.

Al principio, el camino hacia la libertad es impactante (cuando te enfrentas por primera vez a lo que debes hacer); después, turbulento y complicado (cuando empiezas a lidiar con esas cosas); pero, al final, es fácil y llevadero, pues empiezas a ver la vida desde un nuevo claro de autenticidad y poder.

Queremos una vida que importe. Una vida con un propósito. Una vida más sabia que el diablo.

12

El factor
contribuyente

Abre los ojos a lo importante: a lo que de verdad importa en esta vida. Deja de lado tus miedos y fracasos, deja de obsesionarte con obtener éxito o evitar el dolor y, por fin, muéstrate como la clase de persona que siempre has querido ser. No sólo para marcar la diferencia, sino para **ser** *la diferencia y tener un impacto sobre todas las personas.*

Las personas estamos programadas para conectar y marcar una diferencia las unas en las otras. Y, sí, eso te incluye a ti.

En nuestra sociedad, la mayoría de nosotros perseguimos la riqueza, el reconocimiento o la admiración, pero, si te paras un momento a ver qué hace la gente cuando ya ha cumplido esa clase de sueños, empezarás a entender qué nos motiva en realidad como individuos, qué nos hace sentir de verdad plenos, cuidados y conectados.

Observa qué hace la gente cuando, por fin, alcanza lo que creía que era el deseo de su corazón, cuando, por fin, llega el final de su arcoíris personal. Cuando las montañas de dinero y premios dejan de tener sentido, esas personas se vuelven naturalmente hacia su auténtica expresión. Personas como Steve Jobs, Bill Gates o John D. Rockefeller recuperaron su humanidad y su profundo deseo de contribuir genuinamente. Sus vidas empezaron a consistir en marcar la diferencia en la vida de otros sin más intención que cambiar las cosas. Ésta es la clase de contribución altruista que constituye una auténtica vida más sabia que el diablo. Éste es el secreto. Nada más.

Pero ¿qué diferencia estás marcando tú?

Ninguna.

No te ofendas. Interésate, aparta un momento la mirada del espejismo de la supervivencia y de «lograrlo», deja a un lado tu resignación, tus motivos y tus excusas. Salta conmigo.

He aquí la fría verdad. No influencias conscientemente la vida misma. No contribuyes. Estás tan encerrado en tu pequeño terreno que no estás entendiendo el sentido de la vida.

Como todo el mundo, vives en servidumbre hacia ti mismo. Sirves en todo momento a tu propia autocomplacencia, a tu carrera de locos. Eres un balancín de emociones y sentimientos predecibles sin ninguna consciencia de tu poder para elevarte hacia algo muy superior. ¿Por qué? Bien, no se trata de egoísmo, aunque eso es lo que produce.

Te has tragado por completo la idea de que hay un lugar al que debes llegar, un futuro en que todo encajará, y que debes abrirte paso hasta ahí a mordiscos, patadas y gritos. Pero, más importante aún, te consideras un impostor y, por lo tanto, en el fondo, no crees que puedas marcar ninguna diferencia. Eres demasiado pequeño, demasiado débil, demasiado poco hábil y poco listo, no tienes la reputación, o el carisma o lo que sea para ser un prodigio de la naturaleza en tu vida. Al fin y al cabo, no eres más que uno entre casi ocho mil millones, ¿no? Un rostro entre las masas, un insignificante punto en un vasto universo de puntos infinitos. Así que te has resignado a jugar a este pequeño e insignificante juego sin sentido.

El juego del tú.

Y te preguntas por qué nunca terminas de ser feliz, o de sentirte satisfecho o pleno.

Así que tiene sentido que, si eres incapaz de marcar esa clase de diferencia, si no puedes crear o influenciar en la vida, te consideres fundamentalmente impotente, irrelevante en el contexto global. Así es: piensas que no importas.

Date un momento para asumir esto.

Tómate el tiempo que necesites.

Ahí lo tienes. En resumidas cuentas, ésta es la respuesta directa a por qué vives como lo haces. Si sigues el camino marcado, esto es lo que encontrarás. Sin importar lo que puedas decir, o incluso pensar, vives como si no importaras. En algún lugar bajo los estratos de emociones, recuerdos y respuestas automáticas, sientes que no eres lo suficientemente bueno, que no marcas ninguna diferencia, que, al final, nadie te necesita más allá de los confines de tu propia vida. ¿Por qué molestarte si nadie se dará cuenta o nunca lo apreciará de verdad?

Peor aún, quizá sólo se rían de ti o se burlen de tus intentos de marcar esa diferencia. Así que vuelves a definirte con base en las reacciones ajenas, ¿eh?

En el fondo, te enfrentas a la vida pensando que no importas. Éste es un acto terriblemente traicionero, una profunda y dolorosa traición que te infliges con tus propias manos. Y todos tus esfuerzos en esta vida se centran en tratar de probar que, de alguna forma, sí que importas, o que algún día lo harás.

Tú, mi extraordinario prodigio de la naturaleza, te has hecho pequeño, ruin e insignificante, te has apagado para mantenerte seguro, mimado… y pequeño. El mundo no te ha hecho esto, ni tampoco tu madre o tus problemas, ni tu ex o tu historia. Has sido tú. Y te lo has hecho fría y sistemáticamente. Tú mismo te has dado por perdido.

Quizá ya hayas estado tratando de justificarte estas últimas páginas, presentando argumentos sobre tu lucha por pagar las facturas, perder peso, conseguir un trabajo, empezar un negocio o estudiar. Quizá sólo necesitas una inyección de confianza, dejar ir tu pasado o superar tus traumas. A lo mejor ya sabes que no tienes voz más allá de tu círculo más inmediato, o te falta experiencia o saber hacer. Lo sé, lo sé, tampoco eres multimillonario, no dispones de esa clase de recursos, ¿verdad?

De todos modos, no todo el mundo puede ser Bill Gates, así que sólo necesitas que yo te ayude a poner las cosas en orden y, después, ya marcarás la diferencia en otras personas. ¡Pero PARA!

Eso ya lo hace todo el mundo. ¡Dame, dame, dame!

¿No ves que es la lógica de un vampiro?

«¡Pero yo contribuyo!».

La ilusión es que piensas, como todo el mundo, que contribuyes ofreciendo tu tiempo, tu dinero o tus habilidades. «Ah, sí, me gusta contribuir», dices señalando el cheque por cincuenta dólares para salvar a los gatitos, o pasando tus dos horas al año ayudando en el comedor social. Puaj. Eso no es ser una contribución, es hacerla. ¡Ésa no es la clase de contribución que constituye una vida más sabia que el diablo! No tiene nada de malo hacer una contribución —es útil a pequeña escala y, a veces, también a gran escala—, pero nunca podrá compararse con la magnitud que induce a la vida e inspira el asombro que es dedicar tu vida a *ser* una contribución.

No digo esto desde un pedestal. No trato de hacerte sentir culpable, avergonzado o cualquier otra cosa. La gente se apresura a decir esto cuando se la confronta con algo que no le gusta o con lo que no está de acuerdo. Pero tú estás leyendo este libro para acceder a una vida mejor, ¿verdad? Bien. Entonces estoy hablándole a la persona adecuada. Esto es todo. Es lo que debes hacer para vivir una vida plena y feliz. Y no puedes escapar de ello.

Por mucho que lo intentes, ningún dinero o elogio podrá nunca sustituir la riqueza de ser de verdad alguien que tiene un impacto e influencia, alguien que vive la vida como ejemplo de lo que es posible. No es sólo influenciar, sino «ser» la influencia. Tampoco se trata de ser perfecto, sino de jugar al juego de la contribución. Fracasarás y ganarás, quedarás atrapado en la telaraña de tu propia supervivencia y te despertarás a algo más grande. Y harás esto una y otra vez, sin parar, día tras día.

¿Significa eso que debes renunciar a tu objetivo de comprarte ese Bugatti, de fundar ese negocio, de escribir ese libro o de tener esa relación? ¡NO! Puedes seguir persiguiendo todas esas cosas, pero, cuando empieces a organizar tu vida alrededor de lo que de verdad importa, tendrás una vida que importe, una que te llene el vaso y reconozca quién eres.

UNA VIDA MÁS GRANDE QUE TÚ MISMO

Esto es lo que necesitas para vivir una vida más sabia que el diablo. Apartar cada día la mirada de tus necesidades, anhelos y deseos más básicos, apartar tus miedos y fracasos, dejar de obsesionarte con tener éxito o evitar el dolor y, por fin, mostrarte como la clase de persona que siempre has querido ser. Implicarte enteramente en cada conversación, en cada interacción, con la idea, no sólo de marcar la diferencia, sino de ser la diferencia y tener un impacto sobre todas las personas.

Así que, ¿qué alternativa tienes ante esta estupidez ordinaria, egoísta y monótona a la que llamas vida? ¿Qué te parece convertirte en jugador? Alguien que se responsabiliza de cómo va la vida. Y no, no sólo la suya. Alguien a quien le importe un pepino su entorno y que quiera ser una influencia. Un *influencer*.

Pero Gary, ¿no acabas de decir que, normalmente, los *influencers* sólo dicen estupideces? La cosa es que, para ser *influencer* en la vida real, alguien que le infunde vida a la vida, ¡sólo hace falta que cambies cómo hablas!

No necesitas más dinero, conocimiento, experiencia o tiempo para ser esa persona. No necesitas un flujo constante de consejos vitales como los de Oprah o una resplandeciente cuenta de Instagram con un millón de seguidores, ni memes de calidad Pixar en tu página de Facebook o un doctorado en filosofía para sostener tus argumentos.

Mira a tu alrededor. En lugar de quejarte o chismear sobre la gente con la que compartes tu vida, comprueba qué tal les va. A tu pareja, a tu familia, a tus amigos, a tus compañeros de trabajo, a tu ex o a tu antiguo compañero de clase, a tus vecinos, al barista de Starbucks que te prepara el café cada día, al conductor de Uber o a la persona de atención al cliente a la que llamas por la increíble factura de tu tarjeta de crédito.

¿Quién eres tú para esa gente? ¿Eres alguien que confirma su resignación o su cinismo ante los mezquinos meandros de los problemas del día a día o alguien que marcará la diferencia en su mundo? ¿Cuál es tu contribución? ¿Cómo estás presente?

¿Qué aportas en esta vida?

Si tu primera respuesta es alguna excusa, explicación o justificación para lo que haces, ¡eres el perfecto ejemplo de lo que estoy diciendo! El secreto para una vida de plenitud, logros y felicidad es hacer que gire alrededor de quién eres para otros en lugar de gastarla atiborrándote en un intento inútil de llenar el agujero negro que tienes en la boca del estómago, en el alma, en los chacras o donde sea, y de buscar un grupito con el que poder quejarte de tus problemas frente a una copa (o diez) de vino que dejarán a todo el mundo un poquito más feliz (o más tomado), pero que no cambiarán nada.

Soy muy consciente de la sobresaturación de publicaciones, memes y vídeos diciéndonos que debemos «ser bondadosos» o «tener compasión», pero en realidad ya creemos ser bondadosos, compasivos, tolerantes, amorosos, etc. Ésta es tu oportunidad de decirte la verdad. ¿Cuántas veces empiezas tu día con la «bondad» o la «comprensión» en mente? ¿Cuántes veces pones deliberadamente al mando de tu vida a un yo consciente y con propósito? Incluso cuando lo haces, piensa en las veces en las que te has vendido con demasiada facilidad por algo que hiciera o dejara de hacer otra persona, o a causa de algún evento que se interpusiera en tu camino y apagara tu fuego.

Independientemente de cómo respondas a esto, la buena noticia es que puedes hacerlo hoy. Lleva a cabo tres acciones honestas y deliberadas para ser bondadoso. O amoroso. O paciente. O comprensivo. O vulnerable. Escoge algo, vive deliberadamente la vida. Intervén. Contribuye. Y, después, escoge otra cosa y llévala a cabo.

Ser alguien en la vida requiere un esfuerzo. No puedes esperar que te consideren único o extraordinario si no haces más que estar de paso como la versión predeterminada de ti mismo mientras tratas de pensar ideas o estrategias ingeniosas para alcanzar tu propio éxito y sólo miras hacia atrás para recordar tus mejores momentos y engañarte con un pasado editado y fácil de digerir.

Es fácil gustarle a un puñado de personas. Por supuesto, mostrar un fajo de billetes de cien dólares colgando de las puntas de tus dedos decorados con anillos de plata de inspiración pirata, o embutir las nalgas en unos pantalones de licra de resistencia industrial te conseguirá muchos «me gusta» en Instagram, pero no te proporcionará plenitud, ni paz mental, ni la magia de ser tu mejor versión.

Ya oigo tus excusas. ¿Tienes problemas? Todo el mundo los tiene. Se llama «estar vivo». Siempre tendrás uno, dos o cincuenta problemas. Si mides tu vida con base en cuánto te libras de los problemas, nunca serás feliz, pues siempre habrá alguno a la vuelta de la esquina.

Puedes tener problemas y ser feliz. No son excluyentes.

Tienes a tu alcance una vida extraordinaria, vibrante y cautivadora, pero debes parar la locura de buscarla. ¡Esa vida eres tú, Sherlock! Está en cómo eres y actúas, y no necesitas nada elaborado para transformar eso.

Lo que sí necesitas es despertarte a lo importante, a lo verdaderamente valioso en esta vida. TÚ importas, TÚ marcas la diferencia, TÚ ya tienes la capacidad de influenciar y crear vida con tus palabras y tu propio ser. Y, hasta que esto se convierta en una forma de vida intencional, consciente y deliberada, estarás en piloto automático, como el resto de los robots.

No eres una persona. Eres un fenómeno. Y para liberar este fenómeno sólo hace falta dar un paso al frente por una posibilidad y afrontar el cinismo, ser valiente ante el miedo, ser tolerante, indulgente o amoroso al enfrentarse a la ira o al resentimiento, ser compasivo cuando cada hueso de tu cuerpo te grita que te defiendas.

«Pero Gary, ¿cómo hago eso?».

Das un salto de fe. La clase de salto que daría alguien comprometido con la aventura, con la tolerancia, con el amor o con cualquier otra cosa que desee en su vida. Si, por ejemplo, estás comprometido con el amor, ¿qué acción podrías realizar ahora mismo que te alineara con ese compromiso? ¿Qué debes decir? ¿A quién?

¡Hazlo! ¡Ahora mismo!

¿Y qué pasa si no recibes la respuesta que querías? ¡¿Qué importa?! Sé el fenómeno que eres independientemente del resultado. Entonces serás de verdad un respirante, próspero e implacable prodigio de la naturaleza.

Utilizar este libro para tener un impacto sobre tu vida te exigirá que adoptes un nuevo punto de vista, que te abras a la idea de ser verdaderamente único, que tomes el camino correcto en lugar del fácil o el conocido, y que seas fiel a lo que crees en lugar de doblegarte, transformarte o romperte para gustar, ser aceptado o encajar. Exigirá que seas tú mismo.

Debes dedicarte a ser más grande que la vida que solías vivir. A ser la fuente de la vida misma en lugar de otro aburrido e insípido comentarista, observador y/o víctima justificada tratando de encontrar una vida a seis kilómetros de distancia y quejándote de lo que ves desde ahí.

EMPIEZA EL ESPECTÁCULO

Hay un motivo por el que, tranquila y elegantemente, me importa un pepino lo que los demás piensen de mí. Es sencillo. No es que sea un robot sin sentimientos, miedos o traumas como cualquier otro, es sólo que me fascina algo completamente distinto. Estoy absorto en el juego, no en los espectadores. Meto mis pensamientos, mis ideas y mi pasión en el juego. No me molestan los espectadores; son de esperar. A la postre, no tienen ningún impacto sobre mí porque, si lo tuvieran, la cosa trataría de mí. Mi vida no trata de mí, sino de ti y de cómo puedo serle útil a la vida. ¡Ese es EL juego!

Vivo mi vida sirviendo a otros. Por el amor de Dios, no es que sea noble, generoso o que haya alcanzado la iluminación. Sencillamente, estoy comprometido con tener una gran vida. Y ése es el único método infalible que conozco para tenerla.

«Sí, claro, todo esto es estupendo para alguien como tú, Gary, pero mi vida es distinta. Está llena de timadores, tramposos y egoístas».

Soy perfectamente consciente de ello. ¿Ha habido alguien que haya tratado de, o haya logrado, aprovecharse de cómo vivo mi vida? ¡Eso espero! ¡Pretendo ser una presencia en este mundo, no esconderme en un armario! Sin embargo, puedo contar con los dedos de una mano las veces que me han chingado en la vida. ¿Por qué? Porque no les presto atención ni invierto energía en esas tonterías. Quizá haya ocurrido muchas veces. ¿Quién sabe? Pero todos mis esfuerzos y toda mi concentración se centran en lo que es posible. Cada momento de cada día. Me fascina mucho más lo que está por venir que lo que ya ha pasado. Y a ti debería pasarte lo mismo.

Soy consciente, soy responsable, pero, sobre todo, voy con absolutamente todo.

Si te unes a este juego, al juego de influir en todo lo que ocurre a tu alrededor, te tendré todo el respeto del mundo. ¿Y aquellos que se pasan la vida siendo unos mojigatos desconectados que todo lo juzgan? Paso. Sigo adelante. No tengo tiempo para ellos.

¿Por qué unirte a este juego? ¡PORQUE PUEDES! Está al alcance de tu mano ahora mismo, y ahora mismo, y ahora mismo.

Ahora mismo puedes ser la clase de persona que hace que la gente se dé la vuelta sólo porque estás en la sala, y no por tu reputación, tu estilo, tu falso carisma o tus dientes blancos como perlas. Ni presuntuoso, ni arrogante, ni ostentoso, sino la clase de persona en la que otros pueden encontrar alivio o incluso aspirar a ser.

¡Sé el maldito cambio que quieres ver en el mundo, por el amor de Dios! ¿Te falta amor? Sé eso. Si es compresión, amistad o aceptación lo que necesitas, es hora de que des un gran paso al frente. Y todo esto sin convertirlo en una estrategia para conseguir algo a cambio. Sin juicios de valor, sin excusas, sin culpa. Da la cara.

Cuanto menos trate tu vida de ti, mejor te irá. Sé que suena contraintuitivo. Sé que algunos están tan aferrados a la idea de la supervivencia que les aterra soltarse, pero así son las cosas. Sé más grande que tus preocupaciones, que tus problemas y ansiedades. Y eso sólo lo lograrás cuando empieces a centrar tu atención en tu influencia. En tu impacto total.

Ser una contribución no requiere de ninguna habilidad, ni de recursos, ni de ningún falso estado emocional provocado para ponerte en el mapa. Se trata de que, por fin, te des cuenta de tu poder, de tu talento innato para cambiar conscientemente la dirección de la vida misma.

Alguien mucho más listo que yo me dijo una vez: «No puedo mear por ti». Y esto también es válido para ti.

No puedo hacer esto por ti. No puedo destetarte de tu adicción al «yo», de tus problemas, de tu fascinación por malgastar tu vida soñando despierto y perdiendo estos valiosos momentos de tu existencia en la autocompasión y en la búsqueda sin sentido de algo que ya eres.

El reloj hace tic tac. Hoy tienes menos tiempo que ayer. Y mañana igual.

Tic tac, diablos, tic tac.

Únete a mí, ven aquí, al juego. Marca la diferencia. Juega deprisa y juega duro. Dalo todo. Y mañana levántate y vuelve a hacerlo. Y otra vez. Y otra. Y puedes hacerlo mientras te marcas metas, construyes un imperio, te pones en forma, arreglas tus finanzas o empiezas un negocio. Nada de eso importa en realidad porque quien eres proclama tu pasión por la vida.

Esto no se trata de esperar a haber puesto tu vida en orden para abrir los ojos al mundo. Puedes hacer ambas cosas a la vez y de una forma que te vigorice y te aliente.

La historia sólo recuerda a los jugadores, no a quienes tenían los mejores asientos. Y, aunque mucha gente ya lo sepa, se han tragado la idea de que, algún día, se convertirán en jugadores en lugar de aprovechar la oportunidad de entrar en el juego ahora mismo.

Ésta es tu oportunidad. Es ahora. Hoy. No más adelante. Sé un jugador.

Acerca del autor

Gary John Bishop nació y creció en Glasgow, Escocia. En 1997 se mudó a los Estados Unidos, lo que le abrió paso hacia el mundo del desarrollo personal, en particular, hacia el gusto por la ontología y la fenomenología. Este enfoque, en el que se preparó por varios años, le permitió ascender a la posición de director senior de programas en una las compañías líderes de desarrollo personal en el ámbito global. Después de años de organizar programas para miles de personas en todo el mundo, y tras estudiar y recibir la influencia de la filosofía de Martin Heidegger, Hans-Georg Gadamer y Edmund Husserl, Bishop ahora produce su propia marca de «filosofía urbana». Su compromiso permanente de modificar la habilidad de las personas para ejercer un cambio real en sus vidas lo motiva cada día. Tiene una aproximación *sin tapujos*, *sin pendejadas*, que le ha traído un número cada vez mayor de seguidores, seducidos por la simplicidad y la utilidad de su trabajo en el mundo real.